Jean-Piei

LA FUERZA
DE LO INVISIBLE

Esas verdades Escondidas

La ciencia
del Desdoblamiento del Tiempo

© Jean-Pierre y Lucile Garnier Malet

Edición revisada y aumentada del libro *Esas Verdades Escondidas*

Primer libro de los mismos autores:
Cambia tu futuro por las aperturas temporales

Segundo libro:
El Doble... ¿cómo funciona?

Traducción: Carolina Rosset Gómez
Editora: Carolina Rosset Gómez
www.editorialreconocerse.com

Primera impresión: septiembre 2014

ISBN: 978-84-942181-0-1
Depósito legal: B-19859-2014

Fotocomposición: Text Gràfic

Impreso en Romanyà/Valls, s.a.
Verdaguer, 1 - Capellades (Barcelona)

Índice

Un sueño posible

Cambiar nuestro futuro es el sueño de todos... pero, ¿es eso posible?

En el universo todo está desdoblado. Partículas, estrellas y galaxias, entonces ¿por qué nosotros no lo íbamos a estar?

Una partícula que cae en un agujero negro desaparece instantáneamente a los ojos de un observador externo. Pero, si este último se encuentra en el interior de este agujero negro, constata, que tarda un tiempo infinitamente largo para penetrar en él. Esta diferenciación del tiempo existe también en el caso de gemelos, de los cuales, uno de ellos saldría en un cohete. Debido a su velocidad no envejecería igual de rápido que el otro que quedó en la tierra. Puesta en evidencia por Paul Langevin en 1922, esta paradoja fue comprobada de manera experimental en 1972.

Este gemelo podría partir en un tiempo nulo y volver instantáneamente, después de haber viajado durante mucho tiempo en otro tiempo. Inicialmente definido por Poincaré y Einstein, esta relatividad del tiempo ¿no estaría al servicio del hombre?

Convengamos pues, que estos tiempos nulos, o más exactamente imperceptibles, existen. La imaginaria médica ya nos ha revelado que imágenes subliminales imperceptibles modifican nuestra memoria. Esta modificación sería de hecho, el resultado de largas experiencias llevadas a cabo en otra realidad, por observadores evolucionando en otro tiempo.

Es el principio físico del desdoblamiento de los tiempos que podríamos seguir, para permitirnos sobrevivir y crear nuestras posibilidades futuras y anticipar nuestro porvenir antes de vivirlo. Pero, ¿cómo? Debido a la existencia ineludible de un doble en otro tiempo.

Ahora bien, sin conocer ni su existencia ni su utilidad, vivimos el final de un ciclo de desdoblamiento de los tiempos, regido por los movimientos planetarios de nuestro sistema solar, que nos abre actualmente todas las puertas de la información.

Este movimiento universal se encuentra de igual modo tanto en las galaxias como en nuestro ADN. Debido a él, nos beneficiamos a cada instante de dos tiempos desdoblados en los cuales vivimos simultáneamente.

Para encontrar en este «final (de desdoblamiento) de los tiempos», un equilibrio personal y planetario, cambiar tu futuro por las aperturas temporales, es un principio vital que estaría bien saber utilizar.

Este relato abre una ventana a la realidad que algunos prefieren cerrar a doble vuelta. Podría perturbar a los tradicionalistas de toda clase, que no desean renunciar a sus mentalidades actuales y mucho menos hacerlas evolucionar.

Doy las gracias a mi mujer por haberme ayudado a dar a conocer, en forma de fábula, verdades esenciales olvidadas en la noche de los tiempos. Intentemos ahondar en ellas para dejar de vernos perturbados por postulados y dogmas inútiles, ¡frutos amargos de siglos de ignorancia!

Por fin se puede acceder a lo invisible: ¡utilicémoslo en nuestro día a día en vez de esforzarnos en ignorar su fuerza!

JEAN PIERRE GARNIER MALET

1

El hombre del banco del parque y el mendigo

Luisiana atraviesa el parque cercano a su casa: se siente feliz, pues regresa de su entidad bancaria donde su director le ha concedido un préstamo para saldar su descubierto. Piensa que su editor, Marc, pronto le dará un anticipo sobre su próximo libro y todo volverá a estar en orden. Salta de alegría interiormente. Podrá seguir diciendo a quien quiera escucharle: «¡No hay ningún problema solo hay soluciones!»

Su alegría dura poco, pues un niño lanza una pelota y le da en pleno rostro lo que le hace soltar el móvil. Al tiempo que lo recoge en un macizo de flores, sin darse cuenta, hunde su zapato izquierdo en un barro pegajoso. Lo recupera, lo limpia como puede en la hierba y se lo vuelve a poner. El rostro aburrido del niño que se aleja mirándole, le hace sonreír a pesar de todo. Pero, ¿por qué tras una alegría sigue siempre una desgracia? Se sienta en un banco para llamar a Marc. Está preocupada por el tema que se traen entre manos, no sabe qué decirle. El manuscrito está lejos de estar terminado.

Ensimismada en sus pensamientos mira la pantalla de su móvil justo cuando un desconocido le dirige la palabra sobresaltándola. No le ha visto, ni le ha oído acercarse, pero se ha sentado ahí, a su lado, sin hacer ruido. Al tiempo que descubre a este hombre de unos treinta años, se asombra y alucina cuando este entabla conversación:

—¿Por qué perder el tiempo con un móvil, cuando se puede hablar con los pájaros? Ellos pueden responder a tus preguntas mucho mejor que tu amigo Marc.

¡Hablar con los pájaros! ¿Se está riendo de ella este desconocido? La sorpresa de Luisiana matizada con una dosis de extrañeza, se torna repentinamente en desconfianza. ¿Cómo puede saber este desconocido que iba a llamar a Marc? Sin duda, no es fruto de la casualidad.

—Lo sé —dice el desconocido— puesto que soy yo quien te sugiere tus preguntas. Conozco tus preguntas porque tienen que ver con las mías.

Ese tono tajante no le tranquiliza. Los escalofríos que corrían por su columna vertebral recorren ahora todo su cuerpo.

—¿Nos conocemos? —pregunta Luisiana desconcertada.

—¡Mira! ¡Mira esos pájaros! Ellos me conocen bien. No necesitan verme para saber que estoy aquí...

A Luisiana le gustaría levantarse pero no puede, es como si se sintiera extrañamente tranquilizada por su miedo, fuente paradójica de consuelo y bienestar.

Los gorriones vienen a picotear la hierba de alrededor. Envalentonado, uno de ellos se acerca al tiempo que inspecciona los zapatos de Luisiana, quien se inclina sonriente, dispuesta a acariciarlo. Pero el pájaro emprende el vuelo, desconfiado, arrastrando a los otros tras él.

El joven suspira moviendo la cabeza. Esto exaspera aún más a Luisiana. Un gorrión vuelve de nuevo hacia ella, pero de pronto, da media vuelta como si de repente sintiera miedo.

—Tus ideas se entrechocan y los pájaros saben que tus gestos no se corresponden con tus pensamientos. ¡Les das miedo! ¡Acarícialos cuando te lo pidan!

El aplomo de este joven intriga a Luisiana en su más profundo interior.

—Lo que digo no tiene nada de gracioso.

Esta manera de adivinar las cosas no deja de sorprender a Luisiana que mira con insistencia a este desconocido, sin atreverse a hablar... ni siquiera a pensar...

—Si quiere que le acaricien —dice el desconocido con aire divertido—, el pájaro se posa en la mano de aquel que le quiere acariciar, sin pedir nada a cambio, solo por la emoción del hecho, pues la emoción permite intercambiar nuestras alegrías para aliviar nuestras penas...

El joven sigue adelante:

—¿Por qué piensas que debo de formar parte de una secta? Palabras bien raras se pasean por tu mente.

Pasmada por el hecho que este hombre pueda leer tan fácilmente sus pensamientos, Luisiana le mira fijamente a los ojos, intentando entender esta curiosa telepatía en sentido único.

—Pero, ¿quién es usted? —le pregunta Luisiana, perpleja.

Sin responder, éste extiende la mano frente a él y, al instante, un pájaro intenta posarse en ella pero parece como si pasara a través.

—Pienso que deberías dejar de lado a Marc y retomar tu manuscrito desde el principio. Debes interesar en primer lugar a aquellos que buscan el porqué de una vida en la tierra y quieren entender la utilidad de tu libro en la aplicación diaria.

Con aire preocupado, mira a Luisiana antes de continuar:

—Tú bien sabes que en la comunidad científica, la ridiculización de una nueva teoría, a menudo solo interesa a las mentes críticas que intentan profundizar en su verdad y no en la Verdad.

Luisiana se queda con la boca abierta. Su sorpresa le paraliza tanto que para reaccionar decide irse. Se levanta, perdida en sus pensamientos, sus pasos se hacen apremiantes, sus interrogantes se multiplican. Vaga en medio de la nada cuando, agotada, se deja caer en el extremo de un banco sin darse cuenta de que ya hay un mendigo sentado en él.

—¿No te sobra un euro para quien te acepta a su lado?

Esta audacia vuelve a sumergir de nuevo a Luisiana en sus pensamientos, sobre todo cuando este le precisa con voz pastosa, debido al exceso de alcohol.

—Pues verás, madrecita, deberías meterte en la cabeza, que soy el hombre del banco de ahora y siempre. El alquiler es de diez euros el cuarto de hora.

Asombrada, Luisiana no reacciona, se queda silenciosa, turbada por ese aplomo. Una voz le saca de su desconcertante laxitud:

—Bueno, ¿sacas la pasta?

Luisiana se gira instintivamente hacia su interlocutor. Su sorpresa es grande. Se trata de, en más viejo, mal afeitado, mal peinado y mucho más sucio… la copia casi exacta del «joven del banco del parque de hace un rato».

—Ya han pasado tres minutos, guapa, me debes dos euros.

Primero desconcertada por el parecido, luego divertida por el atrevimiento, y queriendo llevar más allá el efecto de lo inesperado, Luisiana hurga en su monedero.

—Solo tengo cincuenta euros.

—No te preocupes —responde el mendigo—, arrancándole el billete de las manos. Tengo cambio... Quizás no sepa ahorrar pero sé ¡anticiparme!

Y con una mano que probablemente no ha visto el agua desde hace lustros, saca una bolsa de su bolsillo y la vacía sobre sus rodillas. Es su cambio... todo su cambio, para ser más preciso... es decir tres o cuatro euros... Luisiana rehúsa y reclama su billete.

—Para ti —dice el mendigo—, esto es superfluo. Para mí, ¡es vital!

Y sin complejo alguno, el sin-techo vuelve a guardar el cambio, y el billete.

—Son monedas amarillas —precisa, mostrando al son-reír una horrible dentadura—, nada que valga la pena, comparado con tu gran billete.

Se echa a reír.

A Luisiana no le gusta esta situación en absoluto.

—Mi billete se llama «regresa» —comienza diciendo tí-midamente.

—Todos los transeúntes que me hacen participe de su grandísima generosidad de espíritu, siempre añaden un discurso de circunstancias... ¡Es la caridad de los cabro-nes! No me digas que no tienes nada que decirme en com-pensación a tu generosidad...

Sin esperar la respuesta de Luisiana añade:

—Sobre todo, no me hables del calentamiento climático ,como hacen todos esos creídos que nunca han puesto su trasero sobre un banco por la noche.

En ese preciso instante, un transeúnte echa un billete de cinco euros en el sombrero grasiento del mendigo.

Este lo recoge diciendo a Luisiana:

—He ahí a otro cabrón que alivia su conciencia...

Dándose cuenta del rostro interrogante de Luisiana a quien, en realidad, solo le preocupan sus cincuenta euros, prosigue:

—Seguro que acaba de engañar a su mujer con una puta de cien euros. O si no, era la mujer de su mejor amigo, o si no...

Como la ve todavía más sorprendida, añade:

—Tú también piensas que un pordiosero como yo no tiene pasado. ¡Las personas tienen tendencia a pensar que uno nace pordiosero!

Le devuelve su billete de cincuenta euros.

—¡Coge tu billete! ¡Quieres enseñarme a vivir cuando eres tú la que deberías aprender de mí! ¿Sabes por qué soy el hombre del banco de ahora y de siempre?

Luisiana no hace nada por detener la verborrea del mendigo. Agudiza el oído por educación, contenta de haber recuperado su billete.

—Aquí donde me ves, fui profe de historia, la antigua y la reciente, madrecita, ¡sí señor!

Luisiana asiente, perpleja. El mendigo insiste y sentencia:

—Afeitado, perfumado, con traje y corbata, zapatos brillantes, era catedrático agregado a la Sorbona y hundido por la muerte de mi mujer, atropellada por un cabrón. Éramos uña y carne... ¡qué desesperación! Uña que se sentía mal cuando era separada de su carne. Nuestro parecido estaba solo en nuestro interior. ¿Sabes lo que es la muerte? Una perra, una cabrona que se ha llevado mi mitad. Nos sentíamos fuertes e invencibles... Éramos dos tontos felices de estar juntos. Tenía unas ideas increíbles acerca de la vida, no te lo puedes ni imaginar. Pero la vida no ha querido pensar en ella. ¡Una cabrona, ella también! ¡Eso es todo! Ves, me haces llorar...

Unas lágrimas ruedan sobre sus mejillas sucias, dejando surcos de grasa. Ni siquiera intenta borrarlos pues sus pensamientos vagan por otros lugares...

Luisiana no sabe qué decir. Le gustaría irse, pero piensa que no sería una buena idea.

—Era ella la que tenía el dinero, el apartamento, todo... a mí solo me quedaba mi sueldo y la botella... pero no era la Historia con H mayúscula, la que me podía devolver mi felicidad perdida en mi pequeña historia de mierda.

El aspecto mugriento del sin-techo, no dejaba suponer en lo más mínimo un pasado glorioso. Era difícil imaginar a un profesor de historia convertido en este despojo humano.

El mendigo limpia sus lágrimas con el revés de la manga, dejando todavía más marcas sobre su rostro.

—Luego, a fuerza de proyectos sin resultados, he terminado en este cabrón de banco para ver pasar otros cabrones. Pero aquí soy feliz, guapa, pues ya no dependo de nadie. Hablo como me da la gana, grosero o respetuoso según las circunstancias. Y como Diógenes, puedo decir a los maderos que me miran con recelo: «Señores, ¡quítense ustedes de delante de mí!» Venga, adelante con tu discurso moralista, ¡te escucho!

—¿Por qué piensas que te voy a echar un discurso moralista?

—¡Si te sientas en mi banco es que no eres normal! Y encima empiezas a caerme bien, ¡sobre todo si me vuelves a dar tus cincuenta euros! en cuyo caso te digo cómo meter miedo a tu banquero.

Esta frase cae como plomo en el oído de Luisiana, inquieta, en verdad, por los comentarios del director del banco.

—¿Y en compensación? —responde Luisiana divertida.

—Escucha esta historia que, en este mundo de banqueros y estafadores, vale más que tus cincuenta euros. Es una fábula digna de Esopo, ambientada por un servidor. Un hombre astuto decide comprar la avena de los asnos a cien euros el kilo, un precio exorbitante y tan loco, que los asnos aprovechan para venderla a pesar de que es su alimento preferido. Promete volver la semana siguiente para seguir comprando, esta vez, a trescientos euros el kilo. Pero, desgraciadamente, los asnos saben que ya no les queda avena que vender. El astuto hombre les envía pues una comitiva para venderles a doscientos cincuenta euros el kilo, la avena que acaba de comprarles a cien. Naturalmente, los asnos se pelean para comprarla. El muy astuto gana pues ciento cincuenta euros por kilo. Y este comercio continua hasta que un día, sin avena, los asnos mueren de hambre por su avidez.

Retomando su tono tosco, añade:

—Ya ves que mi historia bien vale tus cincuenta euros. ¡Así que fuera de mi banco si no me quieres pagar el alquiler!

Luisiana se siente tonta… pero, contenta de salir bien parada, se larga rápidamente. Se pregunta tan solo, cómo ha podido sentarse tan distraídamente en ese banco, sin haberse dado cuenta de la presencia del mendigo, bastante pelma, por cierto.

Bueno, ¡da igual! Ya nada le extraña.

—Tienes complejo de superioridad… son, sin embargo, esos hombres los que pueden enseñarte algo importante.

Luisiana se gira bruscamente al escuchar una voz que le resulta conocida, y descubre al joven del banco del parque de hace un rato. El parecido con el sin-techo le resulta todavía más sorprendente. ¿Le habría seguido hasta aquí?

—No, no te estoy siguiendo, ¡no temas!

Al leer la extrañeza en el rostro de Luisiana, añade rápidamente:

—Sabes, la telepatía es mucho más rápida que el caminar, y si me parezco al otro es porque lo piensas. ¿Quieres probar que vives aquello que piensas? Entonces deberías volver al sitio de dónde vienes para recuperar tus cincuenta euros.

Luisiana echa una ojeada al mendigo. Su sorpresa es inmensa. Ya no hay nadie sentado en el banco, pero en el suelo hay un billete de cincuenta euros y dos policías que lo contemplan. Acude prestamente a recogerlo. Los guardias se alejan. De la misma manera que el sin-techo, el joven del banco del parque ha desaparecido.

Se pregunta si no se está volviendo loca... ¿Estará viviendo una pesadilla despierta? ¿Cómo ha podido su billete llegar hasta allí? Corre hacia los guardias y les pregunta si han visto a un hombre en el banco. Estos le miran sorprendidos por la pregunta. Luisiana balbucea:

—He dado mis cincuenta euros a un sin-techo que estaba sentado en el banco.

Viendo la sorpresa de los guardias, precisa:

—No estaba mendigando, yo le estaba pagando por un lugar en el banco. Él me ha devuelto el cambio y...

Los guardias no entienden nada.

—Era una apuesta... la he perdido... le debía ese dinero —balbucea Luisiana.

Entonces se dan cuenta que a Luisiana le han robado, le miran con aire condescendiente y se alejan riendo.

En cuanto a ella, no sabe qué pensar. ¿Estará viviendo en otra realidad?

Sí, pero ¿cómo concebir que un desconocido le pueda hablar de un nuevo editor que no conoce todavía, y al mismo tiempo hacer intrusión en su vida?

Sin duda, es posible vivir en la fábula que nos imaginamos, ella lo sabe. Pero, ¿habría ella ya imaginado esta historia? Igual... pensándolo bien, ¿no había ella deseado en sus sueños más insensatos, que un editor viniera a buscarla?

2

¿Sueño o realidad?

Uno a uno, Luisiana repasa en su cabeza los aconteci-mientos del día anterior, muy raros, por no decir, perturba-dores. Rememora cada detalle, de los diálogos inquietan-tes, con ese joven fuera de lo común.

¿Habría soñado o vivido un breve momento de incons-ciencia? Ahora le apenaba no haber estado a la altura. Ella piensa, y siempre ha dicho a quien le quiere escuchar, que ¡la casualidad no existe! ¿Cómo ha podido dejarse sor-prender de esa manera, y no haber tomado las riendas de una ocasión única para reflexionar, acerca de esas coinci-dencias tan extrañas?

Lo que está claro, es que no ha sabido aprovechar ese encuentro fortuito y sencillamente insólito.

Así pues, al día siguiente, cuando palpa los cincuenta euros en su bolsillo, decide retornar al famoso banco.

***

Su sin-techo está ahí. Habiendo decidido darle los diez euros de alquiler, Luisiana cruza la calle. Atónita, el mendigo le devuelve su monedero, robado subrepticiamente mientras escuchaba su historia de los asnos.

—Había diez euros... me los he bebido con delicia, sensualidad y amor... Te digo esto, para mostrarte, que no soy solamente un cabrón sentado sobre mi banco.

—Yo no he dicho eso, he vuelto solamente para pagarte el alquiler, pues encontré los cincuenta euros bajo el banco.

Y le muestra el billete.

—Lo he buscado, ¿sabes?... estaba furioso. Pensé, que los Maderos, habían recogido lo que te robé de manera deshonesta.

—Un cuarto de hora de alquiler, son los diez euros que ya has cogido ¡estamos en paz!

El mendigo, impasible, mira Luisiana de arriba a abajo.

—Bueno, ahora que piensas haberme pagado, tengo que escuchar tus cabronadas ¿no?

—Vale, vale... ¡Le dejo tranquilo!

—¿Qué pasa? ¿Ya no nos tuteamos?

—¿Es esa la regla entre el ladrón y su víctima?

—Lo que pasa, es que has vuelto para buscar tu monedero...

—No, pensé que lo tenía en casa. En realidad, quería saber si mi ladrón es en verdad real, así que me voy tranquila.

El sin-techo no entiende nada.

—¿Si soy real?... Pero ¿de qué vas?

—No te preocupes, es una historia entre yo misma conmigo misma.

—Estás tan ida —dice en tono burlón—, que no me importa escuchar tus historias, ¿sabes?... esto es diferente a la ayuda poco católica, o demasiado popular, de los ricos que creen ser los hermanos pequeños de los pobres... hay tanta cabronada que es fácil perderse.

—Pues no tengo nada que decirte, aparte de que me parece verdaderamente estúpido que un, llamado «profesor de historia», se vea reducido a la mendicidad en un banco.

—Si tienes algo que me permita vivir mejor, soy todo oídos, hija mía... ¡adelante con tu moral de diez euros! y dime cómo un «así-llamado» profesor de historia puede cambiar su vida de cabrón ¡con un golpe de varita mágica!

—¡Empieza por imaginarte un mejor lugar que este podrido banco, y vivirás mejor!

El sin-techo no parece escucharle, pues su mirada complacida «rastrea» una bella señorita.

—¡Y quieres que controle mis pensamientos, que eyaculan de manera precoz en mi cabeza, al ver pasar una belleza semejante!

—¿Hubiera preferido que le dé pasta?

—Sí, pero haciéndolo, derrumbaría todos mis sueños «afro-di-síacos».

Viendo que Luisiana no reacciona a su broma de mal gusto, se va por peteneras:

—¿Ya no me tuteas ?… porque con la cara de maestra que tienes, me da la sensación de estar pegado a un banco de escuela. Pero dime tú, la sabelotodo, si me imagino que esa joven me sonríe ¿podría ocurrir?

—¿Por qué no? ¡Inténtelo!

Se parte de risa.

—Yo pienso que soy un cabrón y que me vuelvo cabrón ¿es esa tu historia?

—¡Menos cuando uno ya lo es! Bueno, ¡que te vaya bien!

El rostro del sin-techo ya no muestra su aspecto burlón.

—Sabes, guapa —dice para retenerla— ya me gustaría que los cabrones que pasan delante de mí, me sonrieran, en vez de volver sus miradas de merluzos. Si puedes conseguir eso, haré todo lo que quieras ¡prometido! y si miento, me voy al paraíso de los curas donde, tras una vida casta y pura, se tira uno eternamente a todo lo que se sostiene sobre sus patas de atrás.

Llena, sin embargo, de una cierta compasión, Luisiana se lo imagina de niño, fascinado con cualquier cosa. Así pues, prosigue tranquilizadora.

—Imagínese, que los transeúntes pudieran leer en su cabeza lo que está pensando.

—No habrían hecho el viaje en balde, ¡esos cabrones!

—Sí, pero, si hubieran estado contentos del viaje, como usted dice, sabrían que lo que piensa de ellos les conviene.

—Vale ¿y luego?

—Luego hay dos posibilidades —responde Luisiana al tiempo que se sienta—. Normalmente, cuando ves a un mendigo sentado en un banco, cambias de acera o tomas un aspecto preocupado como aquel que no ve nada, pero nunca te sentarás a su lado para entablar conversación.

Riéndose de la mirada de los demás, sigue hablando, sin darse cuenta que el tuteo le viene de manera natural.

—Si el transeúnte tiene pensamientos que concuerdan con los tuyos, lo atraes como un imán. Le caes simpático y él te quiere agradar. Si tú piensas que una sonrisa te agrada, te sonríe pero ¡no te da nada!

—¿Por qué?

—Porque no has pensado que te agradaría recibir una moneda.

—¡Pero eso es una tontería!

—Sí, ¡pero es así! Y si tú piensas que te provoca con su sonrisa, en ese caso, tus pensamientos se vuelven contrarios a los suyos. A ti te resulta antipático, él lo siente, y por miedo, puede darte un euro.

—¡Eso es verdad! Me he dado cuenta que algunos hurgan en sus bolsillos o lo hacen ver, cuando les miro fijamente a los ojos, intentando intimidarles o hacerles sentir compasión. Y a veces me dan una moneda, aunque normalmente hacen como si no tuvieran un duro, con una mala fe evidente.

—Es normal, pues tus pensamientos no están en la benevolencia.

—Sí, pero son bene-valientes, pues soy yo el que se muere de hambre, no ellos.

—Te mueres de hambre porque tú lo quieres.

El mendigo no acepta ese comentario y se vuelve agresivo.

—¿Te ríes en mi jeta?

—¿Lo intentamos?

—¿El qué? ¿Reírte en mi jeta?

—Vigilar tus pensamientos… Solo para mostrarte que si no tienes nada ¡es culpa tuya!

—Pero, ¡de que vas! Lo he intentado todo… No vas a cambiar el mundo con tus cuentos.

Diciendo esto, pone su sombrero en el suelo y añade cuatro monedas.

—¿Por qué haces eso?

—Para que los cabrones que no dan nada vean que los hay menos cabrones.

Viendo que Luisiana suspira y se prepara para levantarse, se suaviza.

—Sí, ya sé, ¡fabrico mi futuro!

—Entonces quítate esa gorra repugnante, desanima al transeúnte, igual que tu mugre me aparta de ti.

—¿Y tú piensas que tus pensamientos son correctos, cuando me dices esto?

—Lo que sería incorrecto es pensarlo sin decírtelo.

El mendigo tiene un viejo periódico. Luisiana arranca una página, hace una cazuelita y la pone en el suelo delante de ella.

—¿Y tú crees que al verte vestida como una princesa, la gente te va a echar pasta?

—Sí, pero con una condición, que te alejes un poco y vigiles tus pensamientos.

—Pero soy capaz de vigilarlos desde el banco... —pues, ¿adelante?

—¡Adelante!

Cierra los ojos y salmodia:

—Todo el mundo ¡qué bueno es! Todo el mundo ¡qué majo es! Todo el mundo ¡qué bueno es! Todo el mundo...

—Decirlo no sirve para nada. ¡Hay que pensarlo!... Mira esa pareja que se acerca.

De repente, el hombre se para, busca en sus bolsillos a la vez que habla con su mujer quien abre su bolso. Hablan al tiempo que se acercan lentamente. Cuando llegan a la altura de Luisiana, la mujer le da un billete de cinco euros a su compañero. Este se inclina para dejarlo con delicadeza dentro de la cazuelita. La pareja se aleja sin esperar el mínimo agradecimiento. Lo hubieran tenido que esperar durante mucho tiempo pues el mendigo se ha quedado boquiabierto, pero se concentra de nuevo.

Justo enfrente del banco, una mujer sale de su tienda y viene derecha hacia Luisiana:

—¿No os podéis ir a hablar a otro lado? Hacéis huir a mis clientes.

Probablemente acostumbrado a sus reprimendas el sin techo no se deja intimidar:

—Esta es mi casa, tía, así que ¡vuelve a tu tienda, limpia tus zapatos y déjanos en paz!

La propietaria explota:

—Voy a llamar a la policía y ¡ya veréis!

Vuelve a su tienda llena de ira.

—¿Y ustd piensa que es benevolente hablando de esta manera? —se extraña Luisiana.

—¡Claro que sí! No para de comernos el coco, hay que poder poner límites, ¡cada uno en su casa, oye! ¡He aquí tres benevolentes!

Se acercan tres amigos, totalmente abstraídos en una discusión. Uno de ellos saca un monedero y deja 2 euros sobre el billete al tiempo que sonríe al mendigo. Siguiendo con su conversación los otros dos le miran suspirando manifestando así su desaprobación.

El mendigo recoge el billete. Luisiana interviene.

—¿Por qué quitarlo?

—Alguien podría pillarlo al pasar.

—No has entendido nada. Tú fabricas el ladrón y las ganas de robarte.

—¿No has visto a los otros dos? ¡Vaya si tenían ganas de recoger el dinero de su amigo!

—Sin él, ni siquiera nos habrían visto. Si tú piensas que te van a robar, tu pensamiento atrae a los ladrones quienes utilizarán el futuro que has fabricado.

Luisiana le coge el billete de las manos, se agacha para volverlo a poner bajo la moneda en la cazuela de papel, que desarruga para darle un mejor aspecto.

—¡La cosecha será mucho mejor! —le dice enderezándose.

—¿A qué juega usted?

Los dos guardias están ahí delante de ella con aspecto muy desconfiado.

—Estaba poniendo el billete de este señor en su lugar.

La sorpresa de Luisiana es mayúscula. Está sola en el banco y siente que los guardias empiezan a hacerse preguntas.

—¡No es mío! Es del mendigo que estaba a mi lado hace un momentito. Vigilo su dinero mientras él…

—¡Documentación por favor! —le pide el más alto, desconfiado.

Luisiana sabe perfectamente que en la situación en la que se encuentra es muy difícil ser convincente. Busca su monedero y descubre… que ha desaparecido junto con el billete de cincuenta euros.

3

Los policías y un viejo amigo

Los policías le llevan a comisaría al tiempo que le hacen las preguntas habituales. Las respuestas de Luisiana les sumen en una total incomprensión, que se agrava cuando el comisario en persona pide verla. Desconcertada, Luisiana ve a Jacques detrás de su escritorio.

—Jacadi ¿Qué haces aquí?

—Soy comisario de policía —dice con tono de falsa seriedad.

Luisiana está estupefacta:

—Tú, ¿comisario?

—¡Hace falta uno! El comi sirve... a las tontas como tú.

Cuando se dan la mano, esta frase tonta les hace rememorar muchos malos recuerdos.

—Nunca, pero nunca —profiere Jacques con una sonrisa hipócrita—, incluso en mis más grandes delirios, ¡nunca me habría imaginado ver aquí una lianta tan grande como tú!

—Querido Jacadi, ¡te devuelvo el piropo! —responde Luisiana todavía bajo el shock de la sorpresa.

—¿Y a qué debo el disgusto de tu visita?

—Visita forzada ¡no lo olvidemos!

—Forzada pero probablemente no inútil, puesto que esto nos da la oportunidad de detestarnos todavía más, no lo olvidemos. ¿Qué puedo hacer por tí?

Jacques se explica:

—¡Pues sí! Conozco la teoría de tu padre… incluso he leído su último libro… una literatura sorprendente.

Jacques se sintió atraído por la teoría porque conocía a Luisiana. Pero su aplicación en el día a día no le había convencido.

Recuerda la conferencia de ese científico, autor del desdoblamiento del tiempo, a la cual asistió. Sentado en primera fila, al lado de Luisiana, fulmina con la mirada y hace una pregunta con el fin malevolente de interrumpir la conferencia.

—Admitamos que nuestros pensamientos crean un futuro potencial en otro tiempo, y que, cada noche, durante el sueño paradójico, arreglo ese futuro antes de vivirlo. Pero, ¿por qué hablar de un doble?

—Porque tan solo él puede arreglar nuestros sueños, y eso necesita de un buen adormecimiento para poder beneficiarnos de esta ayuda vital.

—¿Cómo puede un científico respetable mezclar ciencia y religión? ¡Deja a los curas los exámenes de conciencia de los curas!

Furioso, Jacques se levanta y sale.

Atónita, Luisiana se había quedado muda, como ahora mismo, en la comisaría, en donde re-aparece Jacques, intentando ahora suavizar sus críticas:

—Tu padre ha hallado una teoría científica fuera de lo común, entonces, puesto que estás aquí, explícame algo más... ¡nunca se sabe!

Pero sin esperar la respuesta, prosigue, seguro de sí mismo:

—Pretende en uno de sus videos, que nuestros pensamientos, son energías que nos permiten crear nuestro futuro instantáneamente.

—Es exacto.

—¿Ha sido medida esta energía? No, ¡nunca!

El tono del interrogatorio es el de los interrogatorios tensos americanos, que Jacques adora. Luisiana suspira pero se mantiene tranquila.

—¿Me puedes sugerir algo práctico sobre el terreno —dice Jacadi molesto—, en la calle, en cualquier lugar. Para que te puedas dar cuenta, que tu padre dice tonterías cuando habla de energía del futuro?

—¿Qué clase de práctica? —responde Luisiana sorprendida de tal propuesta— ¿con policías?

—¿Estás de broma? Metes la pata y a mí me dejas con el culo al aire. Tranquila, tengo lo que hace falta para mostrarte que te confundes de principio a fin con estas ideas. Podemos incluso hacer ya un intento, para demostrarte que tus historias de videncias e intuiciones, están muy lejos de mi manera de ver las cosas ¡así no perderemos tiempo!

Abre una carpeta y saca una foto.

—¿Qué me puedes decir de esta niña?

Pone la foto delante de Luisiana. Se trata de una preciosa niña rubia de dos o tres años que acaba de desaparecer. Conociendo la situación holgada de los padres, se piensa en un rapto. Luisiana le planta cara.

—Yo no me llamo madame Irma, ¡gran vidente!

—Bueno ¿y qué? Ya ves que tus historias de videncias no sirven para nada.

—Si yo me imagino que van a matar a esa niña, le fabrico un futuro peligroso que, sin mí, igual no existiría.

—Así que para ti lo mejor es quedarte ahí sin hacer nada, ¿con el culo pegado a tu asiento? —responde Jacques.

—¡Para nada! Si me piden ayuda puedo ayudar a esta niña y quizá adivinar dónde se encuentra, si el hecho de adivinar le puede verdaderamente ayudar.

—¡Es evidente!

—Para mí, es solo evidente, si le parece evidente a mi doble.

—¿Tu doble? Solo alguien como tú puede hablar de un doble.

Sintiendo lo inútil de una discusión así, Luisiana va a lo esencial.

—Había creído que entendías de lo que estaba hablando.

—¡Sí! Explicas de cabo a rabo que solo nuestro doble nos puede guiar hacia un mejor futuro. A mí, el futuro que me preocupa es el de esa niña. Entonces ¿qué haces tú en este caso concreto para ayudarme con tu doble?

—Si él juzga que es bueno, me dirá dónde se encuentra la niña.

Jacques suspira.

—Y yo ¿qué hago en caso de urgencia? ¿Espero que esté doblemente muerta?

—En la urgencia, vigila bien tus pensamientos para que estos no agraven la situación.

Irritado, Jacques eleva la mirada al cielo.

—¿Y tú piensas que eso puede resolver los problemas de secuestros?

—Sí, si deseamos obtener intuiciones saludables.

Jacques no piensa para nada como Luisiana y se lo hace saber.

—Vale, pues ¡adelante con tus intuiciones! ¿Qué te dicen en este caso concreto?

Luisiana protesta enérgicamente:

— ¡Yo no soy un gurú! encuentra tú mismo la solución que me pides. ¡Deja de ser tan agresivo! ¡Piensa en ayudar a esa niña, controla la benevolencia de tu pensamiento, y ya verás cómo recibes la respuesta intuitiva a tu problema!

—La respuesta intuitiva —suspira Jacques, intentando controlar la ira que se apodera de él—. Con el hocico en la mierda, los perros han rastreado toda la campiña, en vano... y tú, por esa boquita me vienes a decir que ¡no pienso en ayudar a esa niña!

—Yo no hablo de los perros, hablo de ti.

—Yo también tengo mi hocico en la mierda, así que dejemos esta conversación, que hasta ahora no me ha aportado nada nuevo.

4

Agradecimientos intempestivos

Al día siguiente, feliz como un niño, Jacques llama a Luisiana. Ya no es el mismo hombre. A menudo, los tontos se vuelven inteligentes, porque se dan cuenta que los inteligentes son más tontos que ellos.

—Hemos encontrado a la niña… quiero agradecerte…

—¿Agradecerme qué?

—Ven a verme cuando puedas, ¡te lo explicaré! ¡Esto tuyo es genial!

Con prisa aparente, Jacques cuelga el teléfono.

***

Habiendo oído la buena nueva por la radio, Luisiana se da prisa en ir a la comisaría. Y allí, flanqueado por dos guardias, aparece el mendigo cuya mirada se ilumina al verla.

—¡Hola guapa! Llegas en buen momento, porque estos dos no me quieren creer… ¡Dicen que te he robado tu monedero y los cincuenta euros que me diste!

—¡Pero ya les dije que no me habían robado nada! —exclama girándose hacia los guardias.

Los dos guardias se miran inquietos, pues son ellos, quienes el día anterior, trajeron a Luisiana a comisaría debido a esos jodidos cincuenta euros. En sus miradas de perros apaleados, ella cree adivinar, que no piensan que son perseguidos por un destino ciego, sino por una «jodida mala suerte». ¡Que va a decir de nuevo el jefe!

Pero se confunde totalmente pues los guardias no ven al mendigo. Para ellos, ¡no existe!

—¿Es verdad que usted le ha dado su monedero a un mendigo con los cincuenta euros? —le pregunta uno de ellos, atónito por ese gesto.

Luisiana no tiene tiempo de responder.

—¡No vas a volver a empezar con tus preguntas estúpidas! —dice el otro— ¡una y no más!

—Ya ves —dice el mendigo a Luisiana—, el dinero y la cabronada no hacen la felicidad de los que tienen demasiado. Y tú ¿por qué estás aquí? ¿Haces ahora tus sermones y habladurías en comisaría?

—Estoy, tan solo, esperando al comisario.

Los guardias se miran el uno al otro, inquietos.

Aprovechando un momento de vacilación, el mendigo lleva a Luisiana hacia la salida.

—Vamos, date prisa, nunca hay que quedarse en un gallinero cuando no se es gallina... ¡no tienen las mismas pulgas que nosotros!.

Temiendo una reacción inmediata de los policías, el sintecho se precipita hacia la salida.

Pero los policías tan solo sonríen. Ignorante de que es la única que ve al sin techo, Luisiana se siente muy mal:

—Dígale al comisario que...

—¿Qué me quieres decir? —dice Jacques entrando.

—Debido a tus agradecimientos tan poco habituales, había pensado venir a verte, pero...

—¡No hay peros! Ven conmigo a la sala contigua —dice guiñando el ojo a los dos guardias, contentos y aliviados al ver feliz a su jefe.

**

La sala contigua... como habéis adivinado, se trata del bar de enfrente. El malhechor quien, sin darse cuenta, vendría a tomarse algo, se sentiría rápidamente fuera de lugar. Al tiempo que sigue a Jacques, a Luisiana le parece oír la voz del mendigo:

—¡Qué pasa! ¿No se les paga una ronda a los amigos?

Luisiana se da la vuelta, sonriente, y ve que Jacques se hace el sordo.

—¿Te molesta verdaderamente que yo hable con un mendigo?

—No, ¿por qué?

Pero sabe perfectamente que la llegada del jefe al bar, junto con su mendigo, crea expectación. En cuanto se sientan, un camarero se acerca a ellos.

—¿Cómo de costumbre comisario?

—¡Yo también! —dice el sin-techo—, tomaré un «como de costumbre».

Se gira hacia Luisiana, como si nada:

—Y tú también guapa « ¿como de costumbre?». Sin esperar la respuesta el sin-techo concluye:

—Pues tres «como de costumbre».

—¿Qué es el «como de costumbre»? pregunta Luisiana.

—¡Es un pastis! —responde Jacques, quién, intrigado, añade de inmediato—, no sabía que conversaras con los sin techo.

—¡Prefiero un café! —dice para cambiar de tema— y quisiera sobre todo, saber el porqué de tus agradecimientos.

—Tan sorprendentes como inesperados —responde el mendigo.

—Efectivamente, ¡tan sorprendentes como inesperados! —repite Luisiana sonriente.

—Pero, ¡es que es gracias a ti que he encontrado a la niña!

Llegan el café y un «como de costumbre». El sin-techo hace muecas, y Luisiana observa con gran estupor como coge el vaso de Jacques y bebe un gran trago, volviéndolo a dejar en su sitio de inmediato.

—¡Hay tanto hielo en esto que para nada van a temblar los test de alcoholemia! ¿Me puedes pedir otro más seco?

—Otro más, por favor —le dice al camarero— pero ¡más seco!

—¿Quiere usted un café más «ristreto»? —pregunta el camarero pues él tampoco ve al sin techo.

—No, un pastis.

—¿Un pastis? —se extraña Jacques.

—Dos medidas más de pastis y dos volúmenes menos de agua —precisa el mendigo.

—Un pastis que ¡haga temblar los controles de alcolemia! —añade divertida.

Jacques está alucinado.

—Bueno —pregunta Luisiana— cuenta, ¿cuáles son pues tus sorprendentes agradecimientos?

Jacques explica por fin que la niña se había quedado encerrada en una vieja casona, abandonada desde hacía tiempo, al fondo del jardín. La vieja cerradura de la puerta se había quedado encallada. Aunque gritó y lloró hasta quedarse ronca, nadie le había oído.

—Lo más extraño de todo esto, —confiesa el comisario humildemente—, es que me has ayudado con tus temas de intuición.

El sin-techo no se puede creer lo que oye. En cuanto a Jacques, incluso se siente apurado por esta confesión.

—Cuando estaba llegando al lugar, fue cuando me acordé de tus consejos: «¡Para con tus pensamientos agresivos! ¡Piensa en ayudar a esta niña y verás que obtienes la respuesta intuitiva a tu problema!» El sin-techo está totalmente atónito.

—Un madero sin pensamientos agresivos, ¿existe eso?

Jacques le ignora y se dirige a Luisiana:

—Y la respuesta era: «La nariz en la mierda, ¡los perros rastrearon toda la campiña!» y ningún perro puede encontrar nada con el hocico en el estiércol, y la vieja casona era la antigua porqueriza de la granja… ¿me sigues?

El sin-techo aprovecha:

—Pues, para festejarlo, yo tomaré el «como de costumbre», que hemos encargado pero que todavía no llega.

Le hace una señal al camarero pues nadie le escucha.

—En cuanto te fuiste, llamé al padre de la niña. Y eso es todo… gracias de nuevo y mil perdones.

—Pero yo no tengo nada que ver en ello.

Llega el camarero con el pastis y una jarra de agua que deja delante de Luisiana.

—Tuviste la intuición adecuada, ¡eso es todo!

El comisario se siente muy molesto de haber dudado de los consejos de Luisiana y se excusa de nuevo:

—Venga, adelante, ¡cuéntamelo todo! Ciertamente me cerré en banda, pero me gustaría seguir utilizando juiciosamente mis intuiciones… sobre todo en mi profesión.

—¿Por qué hablar de intuiciones? —Interrumpe el sintecho—, tan solo existen de verdad después de cuatro o cinco de vuestros «como de costumbre», y te puedes decir a ti mismo también, que hay otro tío como tú, pero más astuto que tú, que vive en otro lugar, que te vigila, y que te da esas famosas ideas que tomas por intuiciones.

Sorprendida, Luisiana se gira hacia el sin-techo que sigue hablando.

—Hay que vivir en tiempos diferentes al mismo tiempo, al tiempo que sabemos que esos otros tiempos son imperceptibles y, por ello, parecen no existir, ¡pero eso nos da ideas!

Luisiana está atónita:

—¿Ves? —le dice a Jacques— incluso los mendigos saben que un doble está con nosotros.

Jacques suspira y tiene ganas de terminar cuanto antes con esta conversación que le aburre. Toma la nota para ir a pagar:

—¡El doble, siempre el doble!

—¿Por qué pensar que un pobre tipo como yo no reflexiona sobre su banco? No tiene nada más que hacer. Un tiempo que no existe, permite vivir mejor en otro lugar. He perdido demasiado tiempo enseñando historias vividas. De todas formas, es mejor vivir este jodido futuro antes de experimentarlo porque es así como fabricamos la verdadera historia.

—Que fuerte, incluso los sin techo saben que fabricamos el futuro antes de vivirlo.

Jacques se pone nervioso:

—Sí, pero yo no vivo como un pordiosero sobre un banco con un futuro que no existe.

Se levanta y va a pagar al mostrador.

—Y ¿cómo sabe usted eso? —pregunta Luisiana al mendigo.

Todo el mundo se queda mirando a esta chica que habla sola. Nadie se atreve a sonreír pues ha venido acompañada del Jefe.

—¿Conoces la historia del novelista Frederick Dard, el autor del comisario San Antonio? En su época, sus novelas policíacas dieron ambiente en gallineros como el tuyo.

Luisiana le hace gestos para que hable más bajo, pero eleva el tono diciendo:

—Es el amigo de un amigo novelista muy conocido, quien me contó esta historia auténtica. Acababa de escribir la historia de un secuestro. Ahora bien, su hija fue secuestrada en las mismas circunstancias descritas en su manuscrito.

—Sí, lo sé —corta Luisiana.

Observa las caras de sorpresa de los clientes del bar.

—Lo mejor de todo —sigue el mendigo—, fue que los maderos, que no tienen reputación de ser demasiado lumbreras, pudieron encontrar al secuestrador y a la niña, intacta, gracias a los detalles descritos en el mismo.

Sin añadir agua al pastis, el mendigo bebe un buen trago antes de proseguir:

—Frederick Dard estaba tan trastornado que ya no sabía cómo terminar su novela.

Y, satisfecho, vacía su vaso de un solo trago.

—¡Ni siquiera ha puesto agua en su pastis! —dice tomando el vaso vacío que mira atónita.

Jacques regresa al tiempo que guarda su monedero, el teléfono pegado al oído.

—Por qué pides un pastis, si no te lo vas a beber? —dice suspirando.

Luisiana descubre con sorpresa que el vaso está lleno. Jacques se vuelve a alejar, hablando de nuevo por teléfono. Luisiana coge el vaso y mira al mendigo con extrañeza.

—¡No has bebido nada! —dice, sorprendiendo de nuevo a las personas a su alrededor.

El mendigo vacía el vaso de un trago.

—Tu amigo no entiende nada, ¡no duerme bajo las estrellas! No sabe que podemos volar en el cielo.

Luisiana le pide que hable más bajo, pero él sigue adelante con el mismo tono.

—Todo el mundo sabe que los maderos nunca utilizan sus alas, pues son ¡tan pesados! y además no escuchan el canto de los pájaros.

Esta frase deja a Luisiana ensimismada. En ese momento el bar se vuelve muy silencioso… un silencio que piensa ella, no augura nada bueno.

—Ya ves guapa, clama el sin-techo, un madero no sueña nunca no escucha el canto de las sirenas ni las vocecitas que nos arrastran hacia mundos maravillosos. Tu amigo no sobreviviría un minuto en mi banco.

Luisiana se hace «pequeñita» cuando, harto, Jacques vuelve al tiempo que guarda su teléfono.

—Sabes, los sin techo cuentan muchas tonterías.

—¿Estoy en verdad obligado a escuchar a a los mendigos? —pregunta Jacques a Luisiana.

—Pero es gracias a un mendigo que has encontrado a la niña tan rápidamente, pues es por culpa de él que nos hemos vuelto a ver.

Pero Jacques ya no le escucha pues su teléfono vuelve a sonar. Se aleja de nuevo.

El mendigo no está de acuerdo:

—¡No es por mi culpa sino que es gracias a mí! Y sin querer parecer interesado, pienso que me merecía ese «como de costumbre», ¿no? Pero ¡beberlo con un tío tan tonto lo fastidia todo!

Luisiana no sabe dónde meterse, sobre todo cuando Jacques vuelve a la mesa. No se ha encontrado nunca en una situación semejante: tomar una copa con un mendigo en la sala contigua de la comisaría, eso ¡desentona!

El sin-techo lo percibe:

—Ya ves —le dice a Luisiana— tu amigo me invita a un «como de costumbre» pero sus pensamientos apestan. Deberías explicarle tu tema, ese de la benevolencia, esto pondría un poco de ambiente en el «gallinero».

Pensando que todo el mundo oye al mendigo, Luisiana intenta explicar a Jacques este punto de vista:

—¡Es verdad que un mendigo huele menos que tus pensamientos!

El aire está cada vez más cargado y de repente Jacques se echa a reír y exclama en voz alta:

—¿Existirían pensamientos que huelen bien? Debido a, o gracias a los mendigos, que deben ser alérgicos al jabón, estoy dispuesto a creerlo.

—¡Más vale que apeste el cuerpo a que apeste el cerebro! —clama el mendigo furioso—. Explícale la energía de los pensamientos, en vez de quedarte ahí muda, como un pez en su pecera.

Luisiana preferiría estar en otro lugar pero desea calmar los ánimos.

—Tomemos un ejemplo.

—Adelante, ¡te escuchamos! —exclama Jacques fuera de sí—. Te escuchamos.

—El ejemplo es sencillo: Cuando coges el metro en las horas punta, estás apretujado en medio de la muchedumbre, quien te lleva en volandas sin que necesites poner los pies en el suelo.

—Es por eso que evito tomarlo a esas horas.

—Sí, pero si controlas la benevolencia de tus pensamientos hacia los demás, ocurre algo muy curioso, todo el mundo se aleja de ti para apretujarse un poco más lejos.

—Con un sin techo —exclama Jacques—, no hace falta controlar nada de nada ¡su aspecto es suficiente!

Las luces se apagan unas tras otras, el bar se vacía con gran alivio del comisario y de Luisiana, quien sale, feliz de poder respirar una buena bocanada de aire fresco.

5

Telepatía y lógica de la benevolencia

Pero apenas ha salido, el comisario explota.

—La próxima vez evita compararme con un mendigo, causa mucho desorden… los conocidos me van a preguntar acerca de mis relaciones.

El mendigo reacciona de manera violenta.

—Más vale estar sucio por fuera que ser sucio por dentro, ¡pobre poli!

Y se va, levantando un dedo al aire en un gesto marcadamente provocador.

Luisiana está atónita pues Jacques no reacciona.

—Vaya amigos que tienes —dice—, y no estoy para nada contento de haberte vuelto a ver.

—¿Y el metro? No has…

—¿Pensabas que iba a hacer lo que dices?

—Quería solo mostrarte que aquellos que tienen pensamientos malevolentes no pueden soportar la energía que emanas cuando vigilas tu benevolencia.

Jacques no está de acuerdo.

—Tus pensamientos benevolentes no poseen ninguna energía.

—Crean sin embargo el vacío a tu alrededor, porque todas las personas malevolentes se apartan de ti como si les quemaras.

Jacques se queda mudo, desconcertado.

—El pensamiento es una energía cuantificable —precisa Luisiana—, lo ignoramos debido a la famosa ecuación de Einstein pues una energía está siempre asociada con una masa[1].

—Ah, no, por favor ¡Einstein no!

—Recuperas tu masa en el instante que la pierdes pues ese intercambio de energía ocurre en un tiempo imperceptible. Pierdes una información en el futuro pero recuperas inmediatamente el fruto. Este intercambio energético modifica tu memoria instantáneamente y pasa desapercibida. Ahí ya no es Einstein el que interviene sino Heisenberg.

—No puedes ni imaginar, cómo me da igual.

—Es él, sin embargo, el que ha demostrado que disponemos de una energía fabulosa en un tiempo imperceptible[2].

—¿Y qué?

---

1. La ecuación $E = mC^2$ impone una equivalencia entre una energía E y una masa m, con la relación igual al cuadrado de la velocidad de la luz C.

2. En un tiempo casi nulo $\Delta T \rightarrow 0$, disponemos de una energía casi infinita $\Delta E \rightarrow \infty$, pues $\Delta T . \Delta E \geq \hbar$ dónde se encuentra la constante de Planck.

—Es, sin embargo, este intercambio imperceptible lo que te permite anticipar y obtener los mejores reflejos. Tus instintos e intuiciones dependen de ello. Mientras tanto, guste o no a los escépticos, ese principio energético te hace invisible entre una muchedumbre malevolente. Atraviesas entonces una muchedumbre enemiga. Nadie te ve, excepto aquellos que piensan como tú y que, por ello, solo quieren lo mejor para ti.

Jacques ya no escucha, e interrumpe esta conversación que le aburre. Su teléfono suena.

—Sí, ¡soy yo! ¿Quién quieres que sea?... ¿Ahora mismo?... Vale, ¡ahora voy!

De repente, apurado, le estrecha la mano y se aleja con aire mucho más apresurado de lo que está en realidad.

—¡Eres en verdad incorregible! —exclama una voz a espaldas de Luisiana.

Sobresaltada, se gira, y descubre al joven del banco.

—La benevolencia es una palabra totalmente inadaptada a tu discurso. Déjala para aquellos que corren tras ideas impuestas y que hacen gárgaras con palabras huecas. Tu amigo Jacques piensa que tienes la boca llena de dogmas sectarios sin ningún interés.

Luisiana intenta entender el porqué de la presencia de este hombre que se atreve a cautivar su atención. ¿Quién se cree que es? Le llega la respuesta antes incluso que pueda hacerle la pregunta.

—Tú me ayudaste cuando yo vivía en la tierra aunque sé que esta vida difícil nos hace perder la memoria. Yo, a mi vez, prometí ayudarte. Ese es todo el misterio que nos rodea. Yo formé parte de la undécima tribu, la de Aries.

Luisiana no dice esta boca es mía.

—Tú eres de la duodécima, ¡la de Piscis! Ya ves amiga mía, incluso te has olvidado de eso… los hombres ya no saben el porqué de sus vidas en la tierra. Buscan un Dios todo poderoso, sin pensar que lo tienen todo en ellos. Yo era como tú y tú me ayudaste. Ahora me toca a mí devolvértelo.

Luisiana solo escucha a medias. Boquiabierta, se acaba de dar cuenta que el cuerpo de este hombre no tiene ninguna realidad. Su mano le atraviesa sin ningún problema.

—¡Deja de jugar como una cría! Me ves porque estoy en tu memoria. Y si vengo a tu encuentro no es por benevolencia ni por altruismo sino por simple egoísmo. Cada uno debe devolver lo que el otro le ha prestado, para rencontrar el equilibrio. Así que no hables de benevolencia, es malevolencia hacia aquellos que no pueden aceptar esa palabra sectaria, que ha posibilitado tantas maldades y malversaciones. El hombre desnaturaliza las palabras para utilizarlas en la mentira.

De repente, el hombre la mira sin mover los labios pero Luisiana le sigue oyendo.

—Crees que me escuchas pero solo te estoy transmitiendo mis pensamientos por telepatía… ese mecanismo natural se interrumpe en cuanto hay un grano de arena entre nosotros. Aceptar mi presencia y mis ideas telepáticas solo depende de ti… no tengo ninguna benevolencia hacia ti, puesto que se trata de un deber. No hay que tomar el efecto por la causa.

Como ve el desasosiego en el rostro de Luisiana, intenta dulcificar sus comentarios:

—Mi amistad hacia ti es solo una consecuencia de nuestra telepatía. Aceptamos mutuamente nuestros pensamientos sin segundas intenciones. No es pura benevolencia aunque a veces tome la apariencia. ¡Entonces no lo confundas todo! Lo que llamas malevolencia, atrae seres malevolentes que perturban a toda la humanidad, que se vuelve en ese caso malevolente. Hoy en día, en la tierra, ya nadie conoce esa forma insidiosa de parasitage, que te hace confundir los demonios con los ángeles. El hombre se ha vuelto servidor de sus propios demonios, que solo su total desconocimiento de las leyes universales hacen sobrevivir.

—Yo no…

Luisiana quiere protestar pero el joven del banco ha desaparecido. Le vienen múltiples preguntas a la mente. ¿Sería posible ver a aquellos que nos dan ideas, intuiciones o premoniciones?

Reflexionando sobre el tema de telepatía, se pregunta, si, después de todo, no ha sido ella la que ha hecho desaparecer a este curioso personaje, protestando en su fuero interno. A nadie le gusta oír reproches… mucho menos de un telépate que ¡no necesita escuchar para oír!

***

Jacques está en el metro cerca de la puerta. El vagón está a tope. Cierra los ojos y parece concentrarse. Los pasajeros se separan de él. Entreabre tímidamente los ojos sorprendido del resultado.

El metro se para en la siguiente estación. Vuelve a cerrar los ojos para concentrarse de nuevo. Las puertas se abren pero nadie entra por la puerta frente a la que él se encuentra. Las personas en el andén se empujan para entrar por las dos puertas de un lado y otro.

***

Cuando Luisiana llega frente a su domicilio Jacques le espera en su coche de policía.

Con aire indiferente, un vecino, fuma sobre la acera el cigarrillo que le está prohibido en su casa. Un policía que interroga a su vecina, eso echa salsa a su vida monótona. Además de que, nervioso e impaciente, Jacques va al grano.

—Explícame ¿qué ha pasado en el metro? He controlado mis pensamientos y mi benevolencia… bueno lo he intentado y… todo el mundo se ha apartado de mí ¡como si fuera un monstruo! Pero, qué locura… ¡alucino! En la parada siguiente, me encontraba delante de la puerta, y me creas o no… todo el mundo ha subido y bajado por las otras puertas, ninguno por la mía… ¡qué fuerte! ¡No sabía dónde meterme!

Pensando en los comentarios del joven del banco, Luisiana replica:

—No hables de benevolencia o malevolencia, da la sensación de secta o proselitismo sectario, y sobre todo porque cada uno da un sentido diferente a la misma palabra, y ya nadie entiende nada. Que sepas que la telepatía entre dos personas funciona ¡cuando sus pensamientos en esos momentos no se oponen! En el metro, las personas se han apartado de ti porque sus pensamientos eran los contrarios a los tuyos.

—Pero es que es tan verdadero que nos cuesta creer en ello… sin embargo, funciona súper bien… Me gustaría ayudarte a dar a conocer esa cosa, sobre todo, si eres capaz de demostrar que se trata de una ley universal.

—Pienso sencillamente que se trata de la aplicación de una ley universal. Esta teoría científica ha permitido demostrar que el tiempo está desdoblado. En efecto, es la lógica de este desdoblamiento que está en la base de todo y que los antiguos llamaban «Logos». En la antigüedad los griegos sabían que una lógica aparente, permitía engañar a los hombres demasiado confiados. Habían desarrollado una enseñanza, con el objetivo de mostrar que el logos no era tan solo lógico, sino que debía de ser admitido por todos. Era la escuela de los sofistas. Todo el mundo conoce el famoso sofismo: «Un caballo barato es raro. Todo lo que es raro es caro. O sea que un caballo barato es caro». Es buscando un dios incomprensible —y así pues irracional— que hemos perdido esta ley universal.

—Cuando pienso que le traté a tu padre de loco.

—Y además decías «de tal palo, tal astilla».

Pero hoy ya no es el mismo Jacques. Su rostro se ilumina, acaba de tomar conciencia de otra cosa. Es verdad que hubiera sido mucho más sencillo para él, contradecir a Luisiana y burlarse de su ejemplo del metro. Para él, la importancia que tiene el pensamiento es ilimitada: sí, en efecto, él había creado lo que había pensado.

—¡Vale! Voy a reflexionar sobre ello… ¡Hasta otra!

Y se va con un guiño de complicidad… pero inmediatamente vuelve, haciendo marcha atrás con gran estruendo.

—Pero ¡dime! —añade—, cuando todo el mundo sepa cómo funciona ¡va a ser un lío horrible!

6

*El hijo de un cura
y verdades tergiversadas*

Al día siguiente, Luisiana vuelve a pasar por el banco donde le espera el mendigo con aire burlón. Le resulta imposible evitarlo.

—¡Buenos días! —dice preguntándose por qué no ha cambiado de itinerario, y sigue su camino al tiempo que saluda con la mano.

Cruzándose con ella, un paseante piensa que le está saludando a él y responde con una sonrisa, al tiempo que se gira, intrigado.

—¿Hoy no quieres posar tu trasero en mi banco? —grita el mendigo irritado por ese comportamiento.

Luisiana suspira interiormente, se para y hace una ligera mueca a modo de sonrisa.

—La señorita me ignora, de la misma manera que ignora que sus embustes de ayer son la mentira de aquellos que pretenden guiarnos hacia paraísos maravillosos.

Luisiana se para, dubitativa. No sabe lo que debe de hacer. Un poco más lejos el paseante intenta en vano entender lo que está pasando.

—¡Sienta tu trasero un momento! Eso lo descansará. Estoy seguro que lo necesita. ¡Siempre hay que aliviar la parte baja cuando la de arriba funciona demasiado!

Luisiana acepta gustosa, repentinamente relajada, pues el tono de su voz se ha vuelto jovial.

—¿Serías tú, parte de esos guías que nunca tienen prisa en ir al paraíso, y que prefieren enviar allí a todos aquellos que no aceptan sus tonterías?

—¿A qué viene eso? ¿Tiene usted algo en contra de mí?

—¡Pensé que nos tuteábamos! Pero igual es que te apetece jugar a las princesas y a los jodidos cabrones…

—Me dijo usted que no debía haberme dado permiso para tutearle.

—¡Yo también tengo derecho a decir chorradas! o ¿es que tienes tú todo el monopolio? Sabes, conozco todos los santos entresijos de la hipocresía, yo soy el hijo de la criada del cura y también hijo del cura… pero eso, no se dice… así que ya sabes que todas las historias de amor, compasión, benevolencia, peace and love y compañía me resbalan, ¡pura chorrada, guapa! Dame diez euros y te cuento una historia de verdadera locura, un ¡verdadero delirio!

Luisiana saca su monedero.

—¿Sabes que mi padre se casó por culpa mía? Me informé… por mi madre… sobre el matrimonio de los curas.

Coge el billete de cinco euros que le tiende Luisiana.

—Con esto, solo tienes derecho a la mitad de la historia y de mi cerveza, a menos que te importe un carajo.

—No ¡cuenta!…

El mendigo le alarga su lata de cerveza ya empezada y añade:

—Mi padre ni siquiera sabía que el matrimonio religioso había sido instituido por Roma, ¿sabes cuándo?

—Sí, en el 1215 —responde Luisiana— que no sabe si debe beber la cerveza para complacerle, o devolverle la lata tal y como se la ha dado.

No se da cuenta de la cara sorprendida de los transeúntes quienes, viéndola gesticular y hablando sola en su banco, la miran mal.

El sin-techo silba lleno de admiración.

—¡Bravo, guapa! Tú mereces subir al pódium porque ni siquiera los curas saben esto. Así que te puedes imaginar lo abandonado que se sintió mi padre. « ¡No separes aquello que Dios ha unido!» decía siempre a los recién casados, bajo el pretexto de que Jesús había dicho lo mismo, dos mil años antes. Mi pobre viejo, ya no entendía nada. ¿Tú sabes de dónde viene esa unión? Del doble, guapa… Dios te ha unido a tu doble. Lo mismo para las tías. Incluso las criadas de los curas tienen un doble. Esto se lo dije a mis padres, ¡imagínate lo pasmados que se quedaron!

Luisiana está estupefacta.

—¿Tú conoces el doble?

Una pareja se para, intrigada.

—¿Qué quiere usted? —pregunta el señor.

—¡Diez euros! —responde el mendigo.

Luisiana tan solo les sonríe y la pareja se va, alzando los hombros al mismo tiempo.

—El doble —sigue el mendigo— no es una tontería sino una auténtica verdad ¡No tenemos que separarnos de nuestro doble! El resto es una pura invención de los curas. A Jesús ¿lo conoces?

Y sin esperar ninguna respuesta, sigue adelante:

—En su época también había cabrones… doctores de la ley que pensaban saberlo todo y que ¡querían pillarlo! Estaban hartos de ese Jesús que tenía respuesta para todo y que se le veía por todos los lados haciendo los llamados milagros.

—¿Por qué dices los llamados milagros?

—Porque esa era una ley natural para Jesús. Él sabía arreglar el futuro antes de vivirlo. Si arreglas el futuro de un paralítico ya no tiene ninguna razón de seguir estando paralizado. Y Jesús podía decirle con todo conocimiento de causa: «¡Levántate y anda!» Vaya, ¡ya no sé lo que iba a decirte!

Se para un momento para retomar seguidamente el hilo de sus ideas.

—Ah vale, ¡ya caigo! Te estaba hablando de los doctores de la ley, quienes para pillarlo, le hacen la pregunta que no tiene respuesta: «¿Hay que lapidar a la mujer adúltera?». Es una trampa porque si responde que no, no sigue la ley judía... pero si dice que sí, ignora la ley de Moisés « ¡no matarás!» Ves los muy cabrones... ¡Cada época tiene su dosis completa! Pero Jesús tiene respuesta para todo porque está lejos de ser tonto, sobre todo, cuando uno siempre está en conexión con su doble. Y responde sencillamente: «Vuestras historias de culos, ¡nos importan un comino! Lo único importante es no separar aquello que Dios ha unido.» Y ¡bum! todo el mundo se calló pues en esa época todavía se conocía al doble, y se sabía lo que quería decir cuando proclamaba a todos esos tontos para cerrarles la boca: «¡yo estoy en el padre y el padre está en mí!» Y vosotros ¡no, ja, ja!

Divertida:

—Pensaba que era yo la que hacia discursitos...

—Sabes, un profe de historia se entera de muchísimas cosas, verdades que han caído en el olvido del tiempo. Siempre hay grandes tontos que lo quieren transformar todo para su propio provecho, para mostrar que su tontería es la única verdad admisible. Y ¿ves dónde nos encontramos dos mil años después?

Aunque sorprendida por un discurso semejante, pero viendo que se le hace tarde, Luisiana se prepara para irse. El sin-techo se lo «huele» pues le ha visto mirar la hora.

—¿No quieres saber lo que hizo mi padre cuando se enteró de todo eso?

—¿Enterarse de qué?

—De todo lo que le enseñó la iglesia católica romana, ¿me has escuchado? Soy hijo de un cura.

Un transeúnte se sobresalta y ralentiza su paso para escuchar al mendigo.

—No es fácil la vida cuando te plantas desnudo en un presbiterio sin médico ni comadrona. Un cura partero de su hijo, no es banal ¿no? ¿Te imaginas la cara del obispo cuando se enteró de la noticia? El padre René de Foulonge y su hijo Sansón… Me llamo Sansón, porque me sacó del vientre de mi madre por los pelos. Ahora bien, Sansón tiene su fuerza en el cabello. Sansón De Foulonge, iniciales de Sin Domicilio Fijo. ¡Ya ves que estaba predestinado!

—Vale, ¡sigue contando!

Ofuscado, un transeúnte le fulmina con la mirada al pasar por su lado.

—Como mi padre ya no podía soportar todas las mentiras que le metieron en la cabeza, se casó con mi madre ¡en el ayuntamiento!...

Se para, Luisiana siente su emoción en este recuerdo. Prestamente retoma carrerilla y continúa:

—Incluso invitó a su obispo al evento quien, evidentemente, no fue, ya que padeció una crisis de urticaria, terriblemente sagrada, ¡totalmente digna de un obispo!

Este recuerdo le sigue causando risa.

—Ya sabes que en los tiempos de Jesús, el primer hijo en el vientre de la madre hacía las veces de matrimonio. Furioso por haber aprendido cosas falsas para hacerse cura, mi padre cambió de currelo. Se hizo conserje del bloque de casas en donde mi madre limpiaba. Pero seguía haciendo la señal de la cruz cuando yo le ponía furioso.

—¿Dónde aprendiste eso?

—¿El qué? ¿La señal de la cruz? —pregunta extrañado el sin-techo.

—No ¡el doble!

—Todas las investigaciones que he hecho para mi viejo... Estudié para salir de la mierda. Profe de historia a los veintidós años. El lenguaje tan brillante como mis zapatos, traje, corbata y demás... hazaña inútil y vana... ahora, prefiero hablar como en mi infancia.

Vuelve a quedarse silencioso, perdido en sus pensamientos, pero enseguida prosigue:

—Ya ves, la cultura no sirve para nada si no sabes sentarte en un banco para no pensar. Lo necesitaba mogollón después de lo que descubrí en los Evangelios. ¿Conoces el de Judas?

Luisiana no tiene tiempo de responder pues ya se adentra en su discurso, en donde se mezclan pasión y rabia.

—Ahí encontré con lo que carcajearme... habla del Dios que está en cada uno de nosotros... y dice que es él el que ayudó a Jesús a dejar su «vestimenta de hombre» porque eran muy buenos amigos. La historia del traidor, es solo una historia de curas para los anti-mitos y antisemitas. ¡Ya tomaría yo también una!

—¿Un antisemita? —pregunta Luisiana desconcertada.

—No, una gota refrescante de mi cerveza antes de que me la vacíes, porque entra sed ¡cuando se habla con un sorprendente-chalado que se toma el tiempo de escuchar a un pordiosero!

Demasiado sorprendida para reflexionar, Luisiana le tiende la lata. El otro la toma sin ni siquiera darse cuenta que ésta no ha bebido ni gota. Tras vaciarla de golpe, añade:

—Y los cuatro Evangelios ¿sabes por qué son cuatro? Investigamos, con mi padre. ¡Es debido a la «procesión» de los equinoccios!

—Tan solo conozco la precesión de los equinoccios…

—¿Qué dices? —le pregunta un joven atraído por la belleza de esta chica sola en un banco.

—Nada —responde Luisiana ofuscada.

Sintiéndose mal el joven sigue su camino.

—Decía —repite Luisiana— que tan solo conozco la precesión de los equinoccios.

—¡Eso espero, guapa! Solo quería saber si me escuchabas de verdad. No hay que confundirme con un andrajoso, aunque la cultura es lo que queda cuando uno lo ha perdido todo, a un antiguo profe le queda todavía un mínimo de «sapiencia».

Y sin pararse, añade:

—En la Biblia tienes seis días y seis noches. ¿Lo sabes?

Luisiana asiente.

—Así que, con días y noches de más de dos mil años, tienes una semana de veinticinco mil años. ¿Me sigues en tu cabeza? ¡Capricornio, noche! ¡Sagitario, día! ¡Escorpio, noche! ¡Libra, día! ¡Virgo, noche!, etc. Y ahora llegas a Acuario, séptimo día de descanso, tío. ¿Va bien? ¿Tus neuronas no se entrechocan demasiado?

Luisiana está asombrada frente a todos esos conocimientos. En verdad la teoría del desdoblamiento de su padre explica ese ciclo y también el inicio de Acuario.

Se acuerda de ese programa de televisión cuando su padre intentaba explicar ese ciclo:

—El final de la sexta noche de piscis y el principio del séptimo día de acuario, se desencadenaron con la explosión solar del 13 de marzo de 1989.

Y sobre una pantalla, se proyectan en 3D las imágenes del movimiento de desdoblamiento y su ciclo.

De la misma manera que los días y las noches de veinticuatro horas, el día de más de dos mil años sirve a los hombres para fabricar su futuro potencial. El doble se encuentra entonces en el futuro. La noche de más de dos mil años, sirve para arreglar lo que hemos fabricado durante el día. En cuyo caso, el doble está en el pasado. Y nosotros estamos en su futuro.

Esta alternancia exige la llegada de lo que los griegos llamaban un « ana-tar ». Hoy en día hablamos de avatar sin saber lo que eso representa. Entre el día de Aries y la noche de Piscis, llegó Jesús, el duodécimo avatar, encargado de traer de vuelta los dobles del futuro al pasado, para mantener la posibilidad de la encarnación en la tierra hasta el final del ciclo, eso es, al principio de Acuario.

¿Estaría informado este mendigo de esta ley de alternancia que impone la encarnación de doce avatares?

—Por culpa tuya —dice—, no me atrevo a eructar, y esta cerveza merecería un bonito eructo. Para terminar con mi historia de «procesión», que sepas que los dioses vienen a la tierra durante mil años en la época de Escorpio, de Leo, de Tauro y de Acuario. Y ya ves, cuando eructas te sientes bien y dices «eu», como los griegos antiguamente que sabían tomarse un tiempo para beber antes de decir chorradas.

—¿Conoce el griego? —se extraña Luisiana quien, sin darse cuenta, pero sin duda demasiado sorprendida, vuelve a tratarle de usted.

—No te habrás olvidado ya que soy hijo de cura, criado por curas entre curas... pues bien, esos cuatro períodos de mil años aportaban un mensaje para estar bien. Y ¿sabes cómo se decía ese mensaje en griego?

—Sencillamente «ana-gelia» o ana-gelion.

El mendigo le mira, asintiendo.

—Pensé que yo era el único en saberlo. Así que también sabes que «eu-anagelia» o eu-anageliov, es sencillamente un Evangelio, es decir, un mensaje de los dioses para estar bien… ¡una buena noticia!

Mira fijamente a los ojos a Luisiana, contento del efecto conseguido. La ausencia de reacción de esta le deja, sin embargo, patidifuso.

—¿Sabes que ya hemos empezado a vivir el cuarto y último Evangelio? Después de los seis días y las seis noches del ciclo de desdoblamiento, es el «séptimo día» de Acuario. Vamos derechos a mil años de bienestar. Una edad de oro decían los milenaristas. ¿Estás enterada que el calendario maya une los dos últimos Evangelios?

—Y también el inicio del siguiente ciclo, pero eso, nadie lo sabe todavía.

—¿También sabes tú todo eso? Sin embargo, las listillas como tú reflexionan demasiado e ignoran todo, ¡son demasiado tontas! Los extraterrestres están a nuestras puertas... ¡y las buenas noticias también!

Y eructa para puntualizar su discurso con un «eu» muy ruidoso.

—La listilla, demasiado cabrona, sabe que los cuatro Evangelios se representaban con el Águila, el León, el Toro y el Ángel.

—Sí, pero dime a ver ¿por qué el primer Evangelio no está representado por un escorpión sino por un águila?

—La primera invasión de los extraterrestres es una exploración igual de peligrosa, que la picadura de un escorpión. Ahora bien, el águila no le teme. Se deja picar los espolones, para vaciar al escorpión de su veneno antes de dárselo a sus pequeños.

Para no ir a la zaga, el mendigo interrumpe.

—En cuanto al Evangelio de Acuario, nos restituye nuestra verdadera cabeza, la del ángel. ¿Te imaginas la cara de cura de mi padre, cuando le conté todo esto? Yo era la discordia encarnada. Cada vez que le informaba de cosas así, exclamaba: «¡Eres el diablo!» Y yo le decía: «de tal palo tal astilla» ¿Sabes, lo que hizo al final? Se casó con mi madre y se murió feliz. Venga, ¡lárgate! Te siento impaciente por irte. ¿Tienes vergüenza de estar conmigo?

—¡Para nada! Es solo, que me tengo que ir.

—¡Quiero decirte una última cosa! Tu historia de vigilar la benevolencia de tus pensamientos, no es en realidad, más que un acercamiento telepático de las personas. Aquellos que son como tú, te aprecian. Los otros huyen de ti, sea cual sea tu apariencia, y estoy en buen lugar para decírtelo… ¡Así que evita hablar como los curas! Acuérdate que es el hijo de un cura católico el que te lo dice… He intentado la telepatía con los bebés que pasan en sus cochecitos… y siempre funciona. Me sonríen y es una gran alegría.

7

Un mendigo historiador muy erudito

—Usted dice que en la antigüedad, nadie ignoraba que los «dioses» venían a vernos periódicamente.

Una periodista conocida, entrevista al padre de Luisiana en su programa de televisión.

—¡Es exacto! Estudiando el ciclo de desdoblamiento he descubierto que comprendía cuatro singularidades físicas: los tiempos diferentes se cruzaban cada 5.130 años, durante 1.080 años, o sea cuatro veces durante el ciclo de desdoblamiento de 25.920 años, correspondiente al ciclo de precesión de los equinoccios.

En la pantalla se proyecta una visualización del movimiento, explicando el mecanismo físico de esos cruces.

—Para nosotros en la tierra, ese cruce se efectuaba en un plano muy especial de nuestro sistema solar, el plano de la órbita terrestre llamado elíptica. Curiosamente, esas singularidades eran llamadas «evangelios» en la Grecia antigua.

Parece evidente que el porqué de esas cuatro «buenas noticias», ya debían de haber sido totalmente olvidadas a principio de nuestra era. Los últimos doctores de la ley, los platonianos de los primeros siglos después de J.C. sabían que existían cuatro períodos de mil años, llamados edad de oro.

—¿Habían sido capaces de demostrarlo?

—Para ellos, como para los mayas, que hablan de cuatro soles, la idea de los «milenaristas» no provenía de una enseñanza sin interés alguno. Cuando la tradición exigía cuatro buenas noticias, los primeros cristianos intentaron explicarlo con la lógica del momento.

—Pero para ellos, pregunta la periodista, la vida de Jesús ¿no parecía ser la única buena noticia venida del cielo?

—Efectivamente e igual entendemos que al final del segundo siglo de nuestra era, San Ireneo hubiera intentado justificar cuatro relatos de la vida de Jesús:

«*Los Evangelios no pueden ser ni menos ni más de cuatro; porque son cuatro las regiones del mundo en que habitamos, y cuatro los principales vientos de la tierra; por ello cuatro son las columnas de la iglesia...*»

Contra los herejes (3.11.8)

—Entonces, la explicación que dio con toda buena fe, concluye la periodista, era prueba de la profunda ignorancia de aquello que había sido enseñado por los «doctores de la ley de los tiempos» de esa época, respetuosos de las tradiciones.

—Y es gracias a ignorantes como San Ireneo que Marcos, Mateos, Lucas y Juan se convertían, con el paso de los siglos, en los cuatro evangelistas, caracterizados por el águila, el león, el toro y el ángel:

Los 4 períodos zodiacales o evangélicos.

En cuanto a los «dioses», caían definitivamente en el olvido del tiempo, de la misma manera que los otros escritos de la vida de Jesús.

***

El resto de la entrevista resuelve numerosas cuestiones pero nos empuja inexorablemente a hacernos otras preguntas…

Esos «cuatro evangelios», de mil años cada uno, son períodos tanto más notables que permiten el uso de una energía fantástica: ¡la antigravitación! De ahí esa posibilidad de levantar enormes piedras. Construir monumentos gigantescos como las pirámides se tornaba en un juego de niños.

En 1998, esta energía (66,6% de la energía total) fue puesta en evidencia en el universo por dos astro-físicos, quienes, sin saberlo, compartían la teoría del desdoblamiento de JPGM. Se trata de Saul Perlmutter y de Brian Schmidt que han recibido el premio Nobel en el 2011 por sus investigaciones en este campo. Efectivamente, han probado la existencia de una fuerza de repulsión o de antigravitación única capaz de explicar la aceleración de la expansión del universo.

Según aquellos que durante mucho tiempo han descifrado y estudiado el calendario maya, a partir de finales del 2012, esta energía sorprendente podría empezar a manifestarse antes incluso de estar totalmente a nuestra disposición. Es ella la que equilibra la energía de gravitación durante esos famosos cuatro evangelios. Y esto es también lo que permite a los «Dioses» venidos del cielo aparecer en la tierra…

Aquellos que no admiten la existencia de esos seres «venidos de otro lugar», llamados habitualmente extraterrestres, proponen una teoría aberrante pero ¡que les tranquiliza! Es la llamada hipótesis de la tierra rara. Entre todas las estrellas que pueblan nuestro universo, tan solo la nuestra tendría un planeta en el que la vida podría desarrollarse. Algunos incluso añaden que es sobre este planeta que Dios habría buscado la perfección creando el hombre a su imagen. Esta teoría desoladora tiene todavía, sin embargo, numerosos adeptos.

¿No siguen los hombres la misma ley de encarnación aun siendo diferentes?

¿Por qué las estrellas no utilizarían la misma ley del desdoblamiento del tiempo aunque sean diferentes?

Aprovechando esos cuatro evangelios ¿por qué sus habitantes, no podrían salir de su estrella para visitar otras con el simple objetivo de descubrir otras evoluciones?

Y, todo el mundo disfrutaría de ello durante por lo menos mil años. Eso pondría finalmente de acuerdo a los partidarios de las creaciones espontáneas, a veces llamados «creacionistas» y a los ariscos defensores de la evolución arriesgada, muy querida por los darwinistas, quienes debido a ello no conocen bien la obra de Darwin.

Sin pruebas que demuestren lo contrario, el calendario maya separaría perfectamente dos evangelios de 1.080 años con un periodo de 5.130 años y no tendría pues en cuenta la precesión de los equinoccios. Esto probaría que fue hecho para los hombres por los «dioses» del futuro.

En cambio, el calendario hebraico indica que transcurrirían 5.400 años entre dos evangelios; así pues el ciclo de $(5.400 + 1.080) \times 4 = 25.920$ años de la teoría del desdoblamiento sería el ciclo de precesión de los equinoccios, nunca explicado pero perfectamente observado. Habría sido establecido por los «dioses del pasado», los cuales para los judíos, estaban en la «Jerusalén celeste».

El año 2012 del calendario maya correspondería pues al año 5772 del calendario hebraico. Esto significa que la creación de «Adamou» por seis diosas, relatado en las tablas sumerias, habría sido hecho 372 años antes del final del 3er «evangelio de Tauro» que dura él también 1.080 años.

Gran coincidencia. Esta «trituración» genética por los «dioses» acaba de ser descubierta por nuestros biólogos: nuestro ADN provendría pues de seis mujeres. Nos cuesta imaginar al hombre prehistórico realizando un trabajo científico tan importante, con un sílex en el fondo de su caverna...

El año 2012 sería pues un año clave para los sumerios. Si ese periodo comenzase realmente en diciembre del 2012, podríamos esperar una evolución rápida y prodigiosa, sin duda comparable a aquella que posibilitó la construcción de las pirámides.

Aunque esto desagrade a Jacques y a personas que piensan como él, la invasión de los dioses del «cuarto evangelio» de Acuario, ¿no sería ya de actualidad? En este caso, la antigravitación ya debería ser fuente de evolución y de revolución tecnológica. ¿Y los ovnis? ¿No deberían tener ellos también un lugar en esta historia?

8

Pirámides y círculos en los campos

Al día siguiente, una gran sorpresa espera a Luisiana. Jacques viene casi a excusarse por su comportamiento del día anterior.

—Que cada uno piense lo que quiera ¿no?

—Sabes, te voy a decir algo, como amigo, porque después de todo, te aprecio mucho… espero que no dudes de ello. Pero eres ¡una palizas! Sé que lo que dices es verdad, pero eres tan palizas que no sé ni cómo contradecirte. Tienes respuesta para todo y eso es muy fastidioso.

—¡No te confundas! Tengo respuestas a las preguntas que se hacen todavía la mayoría de las personas hoy en día, y eso me permite hacerme preguntas todavía más importantes. Pero eso no interesa a las personas que no tienen o que no aceptan las respuestas que ya he obtenido.

Jacques está perplejo.

—La señorita «palizas» que lo sabe todo ¿tendría verdaderamente preguntas sin respuesta?

—¡Como todo el mundo! Pero no son necesariamente las mismas preguntas que cada uno se hace diariamente... y sobre todo, aquellos que hoy en día siguen buscando a un Dios capaz de resolverles sus problemas...

Jacques no escucha, está demasiado preocupado por lo que ha descubierto.

—Anoche vi tu conferencia en la web y confieso que me has dejado impresionado... El movimiento de desdoblamiento, la energía de antigravitación... ¡Me ha fascinado! y además me ha hecho pensar en los círculos de los cultivos, eso que tu llamas crop circles... ¿Tienes alguna idea de lo que son esas cosas?

—¡Claro que sí! Si te interesa te puedo mostrar cosas apasionantes aunque, sin duda... ¡extraterrestres!

—Entra si tienes un momentito.

***

Apenas entran en su oficina Luisiana se apresura a mostrarle un curioso dibujo que no tiene nada que ver con los famosos «crop circles».

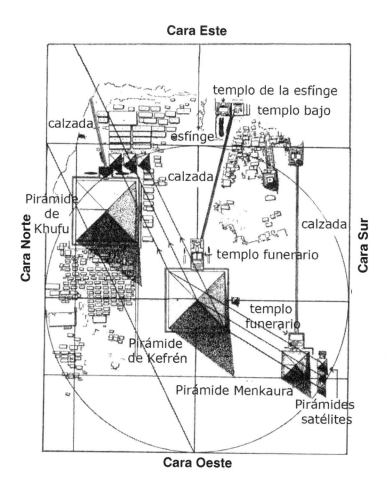

Cara Este

Cara Norte

Cara Sur

Cara Oeste

—A partir de esta foto, he podido constatar que el emplazamiento de las pirámides se corresponde en sus mínimos detalles con el movimiento de desdoblamiento.

Luisiana le muestra un video:

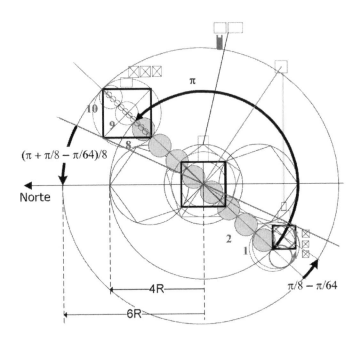

El comisario mira sin entender demasiado, pero no pasa por alto la precisión de estos dibujos geométricos, que se proyectan frente a él progresiva y harmónicamente.

—Para mí, está tan claro como el chino, pero no me importa creerte. Dime ahora ¿cuál es la relación con los «crop circles»?

—¡Enseguida llego a ello! —responde al tiempo que sigue mostrando el video—, pero antes, es importante saber que las pirámides y la esfinge han sido fechadas por la erosión debida al agua y no a la arena. Fueron construidas durante el «evangelio de Leo».

Sigue adelante con sus explicaciones mientras magníficas imágenes se proyectan en su pantalla.

Esta datación fue posible gracias a las investigaciones de Zecharia Sitchin, conocido, sobre todo, como novelista. ¡De ahí las críticas de los egiptólogos, paleontólogos y cosaólogos! Teniendo en cuenta esta erosión, el emplazamiento está fechado en 12.500 años, es decir en la época zodiacal de Leo. Es pues normal que la esfinge pudiera ser un león, a pesar de que la cabeza fuera hecha posteriormente, probablemente por Keops, después del periodo del «Evangelio de Tauro», hace más de 4.500 años, bajo la IV dinastía.

Otro investigador francés, Georges Vermard pudo también demostrar[3] que el emplazamiento de las pirámides se corresponde con la constelación de Orión y he aquí la importancia de la demostración —en la época zodiacal de Leo.

—¡Esto no significa, claro está, que los egiptólogos acepten oficialmente todas estas conclusiones! ¡Estas echan al traste numerosas publicaciones bien conocidas tanto las unas como las otras! Por mi parte, solamente me he dado cuenta que en griego antiguo, Orión significaba el límite de los dioses. ¿No es esta una prueba científica que apuntala el intercambio de informaciones entre mundos desdoblados?

Y sin dejar tiempo a Jacques para respirar, prosigue:

—Una prueba que, sin duda, añade agua al molino de la verdad. Fue esto también lo que me dio la idea de buscar el movimiento de desdoblamiento en esta construcción.

------

3. Investigaciones de Georges Vermard: Hay que remontarse a 10.500 antes de J.C. para que la correlación sea verdaderamente correcta, fecha correspondiente al momento en el que Orión está en la parte más baja del ciclo precesional.

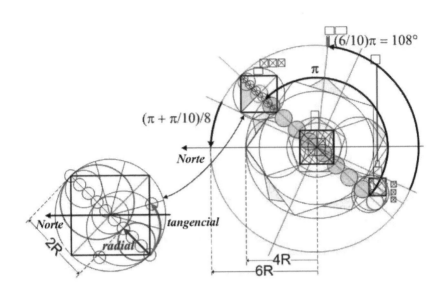

Transcurren pues una sucesión de imágenes cuya precisión matemática no escapa al ojo «avizor» de Jacques. Su conservadurismo recibe un buen revés:

Y prosigue con otras figuras que completan las anteriores.

—Te das cuenta de que existe una relación evidente entre las pirámides y este «crop-circle», que para mí son la ilustración misma del ciclo de desdoblamiento del tiempo. ¡Eso no tiene nada de esotérico! No olvides que más o menos un 80% de los crop-circles ingleses han sido hechos por los hombres.

—Eso es bueno para el turismo ¿no? —puntualiza Jacques.

—Tan solo quedan un 20% de esos curiosos dibujos campestres que no han sido realizados por los hombres…

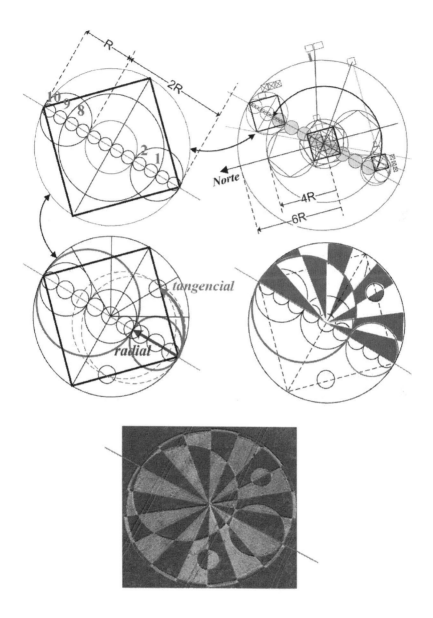

Y mientras desfilan sobre la pantalla multitud de crop circles, Luisiana sigue explicando:

No es una hipótesis, es una certeza basada en test científicos indiscutibles. En efecto, los verdaderos están todos extrañamente relacionados con el movimiento de desdoblamiento, pero no lo están en el caso de los falsos. He deducido pues de ello que debían corresponder a «mensajes» universales destinados únicamente a aquellos capaces de descifrarlos.

La conclusión que le da a su interlocutor, un tanto atónito, es sencillamente lógica:

—Las pirámides del evangelio de Leo han sido construidas por seres que poseen un conocimiento fantástico. ¡Los crop circles del «Evangelio de Acuario» también! Y puesto que las estrellas intercambian sus informaciones durante esos cuatro evangelios, es natural pensar que esos seres sorprendentes corresponderían con «extraterrestres» que los antiguos llamaban sencillamente los «dioses».

Jacques no parece estar convencido. Para él las mitologías existen solo en el ámbito de la imaginación. Luisiana no piensa igual:

—Homero en la Odisea relataba claramente la presencia de ovnis, ocho siglos antes de Jesucristo... Los traductores inventaron historias insensatas que Ulises no podría reconocer. Sin embargo, la traducción[4] es sencilla, si no intentamos interpretarla.

Coge un libro en su biblioteca:

—Esto es lo que le dice a Ulises, náufrago en su isla, al rey de los Feacios que vino a verle con el navío de los Argonautas[5]:

---

4. Traducido por de Ioannis Anastasiou.
5. *La Odisea:* Rapsodia $\theta = 9$, líneas 555-563.

«Dime cuál es tu país y tu pueblo para que nuestros navíos te lleven con sus pensamientos (...) pues no tenemos ni gobernante ni timón como en vuestros barcos (...) todo aquello que pensamos, nuestros navíos lo encuentran solos, cruzan rápidamente los mares, rodeados de una nube y de una niebla, nunca tienen miedo de hundirse o de padecer daños y perjuicios.»

Y Luisiana concluye:

—Sin duda alguna, esta traducción apuntala bien la tesis que dice que el viaje de Ulises y de los argonautas ocurría en el espacio en donde las estrellas son islas, de las cuales una es la luz blanca (Phaia) que cura (akesis)... de ahí la palabra Feacia (Phaiakes).

La duda se cierne de nuevo sobre el rostro de Jacques:

—Entonces, ¿por qué esos extraterrestres no nos contactan directamente?

—Evidentemente, no son esas sus intenciones, si no nos darían mensajes totalmente comprensibles. En mi opinión, habría varias explicaciones posibles.

—¿Cuáles?

La curiosidad de Jacques ya no es fingida:

—¡Sigue adelante! Esto se vuelve apasionante...

—Los «dioses» vienen del futuro o del pasado y están obligados a esperar la igualdad de los tiempos para poder manifestarse. Esta igualdad solo ocurre al final del ciclo de desdoblamiento de los tiempos, que los antiguos llamaban final de los tiempos. Esta diferenciación de los tiempos que nuestra ciencia ignora todavía, explicaría la aparición a menudo sorprendente de estos ovnis.

Entusiasta pero no pudiendo quedarse, el comisario se ve obligado a despedirse de su amiga.

A Luisiana le habría gustado explicarle, que la gran pirámide también era un reloj astronómico, que servía para medir el tiempo del ciclo de precesión de los equinoccios, como las diagonales indicarían las constelaciones de los «cuatro evangelios» y permitirían saber que ahora estamos en la de Acuario.

Le habría gustado, sobre todo, hablar de los potenciales caóticos de este período peligroso, pues es urgente y necesario saber cómo arreglarlos, para poder aliviarlos lo más rápidamente posible y evitar vivir catástrofes sin precedentes.

9

Futuros potenciales y eucaristía

Tras este encuentro, Luisiana decide ir a ver si el sin-techo sigue en su banco. Le gustaría recuperar su monedero…

Pero el banco está vacío. Se sienta en él un instante. Una voz le sobresalta:

—Te dije que observaras a los pájaros y que escucharas a Jacques. Responderán a las preguntas mucho mejor que yo.

Descubre, sentado a su lado, al joven del banco del parque en carne y hueso.

—Pero —añade— con la condición de tener por lo menos una pregunta en espera de respuesta…

—Justamente —suspira Luisiana— tengo la cabeza llena de ti ¡Estás y de pronto no estás!

—¡Demasiadas respuestas no permiten obtener la pregunta! Jacques era una de ellas… todavía no has entendido ¿por qué?

—¿Jacques? ¡Pero me habías hablado de un editor, un trampolín!

—Te guío, porque siempre, en los tres tiempos que están a nuestra disposición, somos príncipe de uno y servidor del otro. No hay que olvidar nada, cuando los utilizamos como nosotros en estos momentos. Lo necesitamos para vivir y sobrevivir, en todo lugar donde nos lleva la música de la incertidumbre y el viento de la comprensión. ¡Mira!

Un viento violento levanta el polvo y hace cerrar los ojos a Luisiana, a quien le parece oír una música lejana. Cuando se calma el vendaval, se encuentra sentada con el joven, pero en el banco del parque donde se encontraron por primera vez.

—Conozco tus preocupaciones porque se asemejan a las mías. Piensas que estás en una realidad cuando, sin embargo, vives a caballo en tres mundos. Piensas que el tuyo está detrás del espejo de otro, cuando siempre vivimos ¡delante de uno y detrás del otro!

Luisiana no entiende dónde quiere ir a parar su interlocutor. Este se contenta con añadir:

—El primer consejo era descabellado, pero te condujo a Jacques. Si lo hubieras entendido rápidamente, el futuro lo habría entendido también, y antes que tú. Por eso, nunca habrías conocido a Sansón de Foulonge quien, solo él, podía conducirte a comisaría. ¿Entiendes las precauciones que debemos tomar cuando navegamos por el futuro?

Luisiana vuelve a sentir los escalofríos a lo largo de su columna vertebral que le picotean ahora todo el cuerpo.

—Pero, ¿quién es usted?

—¡Mira! ¡Mira esos pájaros! Ellos me conocen muy bien. No necesitan verme para saber que estoy aquí...

Como le ocurrió la primera vez, a Luisiana le gustaría levantarse pero no puede. Los gorriones vienen a picotear la hierba a sus pies. Envalentonado, uno de ellos inspecciona sus zapatos. Luisiana se quiere inclinar para acariciarlo. El gorrión vuela al instante, muy desconfiado, arrastrando a los demás tras sí.

Frente a esta escena, el joven suspira moviendo la cabeza. Esto no hace sino provocar a Luisiana, que sigue sin entender lo que le ocurre. ¿Estaría de nuevo reviviendo la misma escena?

—¿Por qué estoy aquí?

—¡Escúchame! Lo entenderás cuando llegue el momento. Mira los pájaros, ellos saben que tus gestos no se corresponden con tus pensamientos. ¡Les das miedo! Te lo acabo de decir. Tan solo escuchas el sonido contradictorio de tu pregunta. Como los pájaros, hay que escuchar las respuestas a las preguntas que no tienes tiempo de hacerte. Si no, nunca emprenderás tu vuelo. Vivir antes de vivir no sirve para nada, si no decidimos aprovecharlo para ir a lo esencial.

—Y, según tú, ¿qué es verdaderamente lo esencial?

—Yo interpreto músicas que ignoras y yo ignoro las melodías que mecen tu espíritu, porque no vivimos al mismo tiempo. Pero si estamos a gusto juntos intercambiamos todos nuestros potenciales. Yo conozco todo de ti y tú conoces todo de mí. Es el intercambio de los carismas.

Luisiana se pone a pensar en el eructo del mendigo, y se promete comprobar si es verdad que en griego el «eu» del eructo significa «estar bien».

—Descubrirás también que el intercambio de los carismas, es la «eu-caristía», que nos hace felices en lo más profundo de nosotros mismos... ¡Un buen eructo después de una buena comida manifiesta la realidad de este intercambio! Es algo bueno.

Luisiana se extraña:

—¿Quieres decir que la tradición del eructo después de comer, viene de la Eucaristía?

—¡Es el mismo origen! Pero antes de eructar se debe vigilar los pensamientos, para que estos no hieran a nadie. Es pues necesario, intercambiar nuestros mejores potenciales con todos aquellos que comen con nosotros y que deben hacer lo mismo. La Eucaristía es entonces perfecta. Y el intercambio telepático pone a todo el mundo al mismo nivel de conocimiento intuitivo, en el mismo bienestar. Luego, sin proponérselo, ¡el eructo llega de manera natural! Antiguamente era un distintivo de atención y educación hacia el anfitrión.

El joven se interrumpe para observar un pájaro que viene a picotear en su mano algunas migas, salidas de ninguna parte. Inmediatamente, otros llegan a sus pies.

—¿Entiendes que al compartir su placer, un solo pájaro sacia toda una pajarera? También es para ellos la «Eucaristía». La abundancia de potenciales intercambiados da la sensación de saciedad a aquellos cuyo espíritu se mece en una benevolencia natural. Todo el mundo está saciado, pero tan solo uno ha comido. Y, sin rebelión, envidia o celos, es posible sobrevivir a la hambruna y esperar a mejores días.

Luisiana piensa entonces en la última cena de Jesús con sus doce apóstoles. Intercambiar sus potenciales con ese gran maestro del pensar, debía de ser grandioso.

—Sobre todo —precisa el joven que adivina las reflexiones de Luisiana—, gracias a los doce zodiacos de los doce apóstoles, que abrían todas las puertas, por la armonía de sus pensamientos.

Se acuerda entonces del discurso del mendigo acerca de la historia del traidor Judas, que era tan solo una historia de los curas para los anti-mitos y antisemitas.

—¡Sí! —prosigue el joven— sin la telepatía benevolente de cada uno, no es posible la «Eucaristía». Y a partir del siglo quinto, se empezó a evocar la presencia de un traidor entre los doce. Ahora bien, un traidor habría «impedido» ese intercambio telepático... Un intercambio que la muerte muy cercana de su Maestro, hacía absolutamente indispensable.

—¡Un intercambio muy mal entendido posteriormente! ¡Cuántos errores de interpretación ha habido voluntaria o involuntariamente! Y cuántas complicaciones para explicar esos errores, intentando re-encontrar la verdad inicial. Y fue entonces cuando los dogmas sustituyeron a la lógica.

—¡Podrías saludar!

Sorprendida, Luisiana descubre al sin-techo en el lugar del joven.

—Te sientas como una maleducada, sin ni siquiera decir ¡hola! Chapurreas no se sabe el qué... ¡Pareces tú la mendiga!

—Pero yo llevo aquí más tiempo que tú...

El sin-techo le mira como un cerdo mira a un cuchillo.

—¡Te importo un comino! Te sientas sin decir nada y quieres hacerme creer que no me has visto. ¡Echa un vistazo y mira sobre lo que te has sentado!

Luisiana se levanta, descubre su monedero e intenta entender.

—¿Estás diciendo que acabo de sentarme ahora mismo sobre mi monedero?

—¡Sí, guapa! Como si tuvieras miedo que te lo cogieran. Ni una palabra, ¡nada! Y has hecho huir a todos mis amigos.

—¡Amigos! ¿Qué amigos?

Luisiana no entiende.

—¡Los pájaros! Se han ido dando aletazos.

Luisiana se da cuenta con estupor que la discusión con el joven no había tenido tiempo de existir.

—Pensabas que había volado de nuevo...

—Es que ¿tú vuelas con ellos?

Es Sansón el que se extraña a su vez.

—¿De quién hablas?

—¡De los pájaros! Y ¿tú me dices que también vuelas?

Sansón se echa a reír:

—Pero guapa, ¡estás mal de la cabeza! Te hablo del monedero.... ¿Pensabas que lo había vuelto a robar?

—Sí —responde Luisiana sin reflexionar—. Bueno, ¡no! quería...

—¡No digas chorradas! Me fui por culpa de los maderos, y cuando volví, la señorita había desaparecido y encontré tu monedero en el suelo, debajo del banco. Pensé que vendrías a verme y así podría devolvértelo. Pero, bueno ¡estoy alucinando! La señorita llega, sin mirarme y con unos morros que se los pisa...

—Sí, es verdad que he pensado que me habías robado el monedero... ¡como el primer día!

El rostro de Sansón se cierra bruscamente.

—Me decepcionas ¡sabes! Ahí has herido mi corazón... ¡como un latigazo!

Pero este actor añade, maliciosamente:

—Bueno, pero te he cogido la pasta, la tentación era mucha... Mas contigo la vamos a recuperar rápidamente... Vamos a hacer telepatía con los transeúntes... ¿vale? ¿Volvemos a hacerlo como el otro día?

Luisiana está ausente. Le gustaría entender qué es lo que más le preocupa en ese momento.

—Dime una cosa ¿conocías al comisario antes de conocerme a mí?

—¿Pero qué dices? ¿Tú crees que a un comisario le interesa un descalabrado como yo? Tan solo somos escoria para él. ¿A qué viene tu pregunta?

—No, ¡nada! Intento encontrar una relación de causa a efecto entre tú y él.

—Es hablar para nada, guapa... ¡Y es sin causa ni efecto!

—¿Sabes que hoy es el solsticio de verano y que la noche va ser larga?

—¡No! Es la noche más corta.

Sansón suspira:

—¡Me tomas verdaderamente por tonto! Nuestros antepasados sabían perfectamente que había dos días en el año en los que era mejor no dormir. Esos dos días correspondían a dos posiciones concretas de la tierra en relación al sol: solsticio en junio y en diciembre. Y, para no quedarse dormidos se hacía un gran fuego con alegría y bailaban a su alrededor. Y cuando uno no duerme, la noche es larga, ¡tío! Sobre todo, durante el fuego de invierno que ahora se ha vuelto la fiesta de Navidad... Lo sabes ¿no?

—No, solo sabía lo de la hoguera del verano, en San Juan. Se canta y se baila toda la noche.

—Sí pero en navidades tienes a todos los que no-sirven-para-nada pero listos-para-todo... que nos arrastran en su supuesta caridad, nos dan de comer sus restos y nos llevan a gimnasios sobre-calentados. Eso les hace sentirse bien... ellos se sienten bien en su interior y nos dejan mal en el nuestro.

El silencio se hace plomo.

Es Sansón el que interrumpe:

—¿Sabes por qué hacían todo eso?

—Para agradaros, supongo.

—No te hablo de los cabrones que engalanan nuestra noche de Navidad, sino de nuestros antepasados. ¿Por qué no debían dormir en el momento del solsticio de verano ni en el del invierno?

—Porque durante los solsticios, nuestros sueños nos arrastran hacia mundos muy peligrosos que se pierden en la noche de los tiempos. Pero, ¿quién les enseñaba esto?

Se miran el uno al otro al mismo tiempo, con un repentino, aire de complicidad:

—Lo sabían todo gracias a los «dioses» venidos a la tierra en el último "evangelio de Tauro". Este ya no es nuestro caso. Además, todo fue hecho para que perdiéramos la memoria.

—Es verdad que para suprimir estas fiestas paganas, el siglo IV cristiano, hizo de las navidades la fecha aniversario del nacimiento de Jesús...

—Pero esas fiestas han causado muchos desordenes nocturnos en el espíritu de los curas. ¡No debías quedarte dormida, guapa! Por eso inventaron las tres misas de media noche... Encima, que una sola misa —dice Sansón sin vestigio de sonrisa— es enormemente ¡soporífera! ¡Así que con tres seguidas, todo el mundo se duerme!...

Viendo que Luisiana no aprecia sus burlas, añade:

—Es por eso que dieron campanillas a los monaguillos. ¡Había que despertar al cura! Hablando de curas, voy a ver a un amigo de mi padre, ¿vienes conmigo?

10.

Viejos Recuerdos

Sansón se para entre dos inmuebles.

—¡Es aquí!

Aparece una pequeña y encantadora iglesia que pasa totalmente desapercibida entre dos torres de los años cincuenta, época en el que el cemento se reflejaba demasiado en el espíritu de los jóvenes arquitectos.

—Como dice el cura, son los dos «inmo-pilares» de la iglesia: de cemento hasta las cejas. Le dan mucho miedo, podrían venirse abajo un día, igual que su cura... amigo de mi padre.

***

Una vez en la iglesia, Luisiana se sorprende al ver a Sansón meter la mano en la pila de agua bendita y santiguarse.

—¡Haz como yo! Eso le hace sentirse bien...

Y Luisiana descubre al anciano cura sentado en el coro, con un libro sobre las rodillas.

—¡Te esperaba! —dice el cura a Sansón, que le abraza.

—He venido con una «preguntante» que se estruja las neuronas como nosotros. Pero ¡ojo! como mi querido padre, nos puede montar un ¡gran escándalo episcopal!

Los ojos del anciano dejan entrever una chispa de esperanza y alegría.

—Piensas que le puedo contar…

—Todo lo que quieras… —contesta Sansón—. Luisiana ha escrito ya tantas cosas que remueven tanto, que lo demás no llega ni a la suela de los zapatos. Ya le he dicho que el nacimiento de Jesús el día de Navidad fue un sencillo invento de la iglesia cristiana y romana del siglo IV, que tanto le daba más como menos.

—¿Para qué te sirve herir a las personas en su sensibilidad? —protesta el Padre Antonio.

—Pero, Padre Tonio, no clasifiques a mi amiga entre las personas «sensi-heribles». Es una chica razonable como yo. Le puedes decir todo lo que sabes, todo lo que has leído en los lejanos y antiguos archivos del Vaticano.

—Lo que más me sorprendió en el Vaticano, es la cantidad de libros prohibidos por la Iglesia y que nunca han sido leídos. Las páginas nunca conocieron los corta-páginas indispensables en aquella época.

—¡Nos da igual! Lo que nos importa es el resto.

—¿Pero te das cuenta que se prohibía una obra sin ni siquiera conocer su contenido?

Toma a Luisiana como testigo. Esta se contenta con precisar:

—Esa moda no ha cambiado aunque los libros ya no tengan la misma encuadernación.

Sansón suspira:

—¡Nos importa un carajo las encuadernaciones y las iluminaciones!

Bastante exasperado y sin esperar su reacción, se gira hacia el Padre Tonio:

—Antes siempre me decías, que antiguamente todo el mundo sabía que Jesús era el duodécimo y último avatar.

—¡No! —dice contento del efecto causado.

Pero, frente al rostro contrariado de Sansón, le precisa rápidamente:

—Es el duodécimo «ana-tar».

Luisiana aprecia este inciso que ella misma también ha realizado a Sansón.

—El duodécimo «anatar», prosigue el Padre Tonio, es Jesús quien viene a encarnarse al final de los dos mil años de Aries y principio de Piscis. Los otros once han venido en cada uno de los períodos de transición, entre dos signos del zodiaco, para hacer pasar nuestros dobles del pasado al futuro o del futuro al pasado.

—Ves —dice Sansón a Luisiana—, él también habla del doble, igual que los libros del Vaticano.

—Se trata sencillamente de la ley del desdoblamiento de los tiempos, cuyo movimiento impone esta regla universal. El rol del duodécimo, es el de traer de vuelta al pasado los dobles de los hombres, que obligatoriamente están en el futuro durante la época de Aries.

Y, feliz de ser entendido, el Padre Antonio añade:

—Para platonianos, era la redención, indispensable para seguir adelante con la encarnación en la Tierra, pues durante la era de Piscis esta solo era posible con los dobles en el pasado.

Luisiana está encantada:

—De ahí viene la apelación, día y noche, que encontramos en la Biblia. Durante el día, nuestros pensamientos fabrican los potenciales con los dobles en el futuro, están ahí para eso. En la noche que sigue son arreglados por los dobles en el pasado.

El cura parece perdido. Pone mala cara. Al ver esto Luisiana añade:

— ¡Cuidado! El pasado del que hablo es un presente para los dobles que viven en él, al ralentí… pues nuestra vida se desarrolla en un tiempo mucho más largo.

El anciano les arrastra a la sacristía, mucho más propicia para esta discusión.

—De la misma manera —prosigue Luisiana—, nuestro futuro, transcurre en un tiempo interminable para aquellos que viven en él, fabricando nuestras posibilidades. Pero para nosotros, en el tiempo que observamos mucho más rápidamente, ese potencial es instantáneo.

Es entonces cuando el Padre Antonio, muy resuelto, saca de un gran armario un libro grueso con muchos marca-páginas.

—¡Aquí esta! —dice, abriendo una página y leyendo:

«Un día junto a tu Señor vale por mil años de los vuestros.»

Esta precisión totalmente matemática se encuentra en el Sura 22 versículo 47 del Corán.

Está satisfecho y muestra con orgullo su viejo libro:

—Está bien el Corán, pero lo escondo pues podría perturbar a mis fervientes del agua bendita… si por desgracia, lo encontraran aquí. ¡Hoy en día nuestro pobre Jesús, no tiene siquiera derecho a visitar a su amigo Mahoma!

Un silencio de plomo cae sobre la sacristía... Un silencio que habla por sí mismo.

***

Se hace tarde, la iglesia debe cerrar sus puertas. Feliz, Luisiana invita a Sansón y al Padre Antonio a la pizzería de la esquina.

—Sería lógico —dice este último— que Jesús hubiera nacido hacia el 20/25 de marzo entre Piscis y Aries puesto que él es el duodécimo «ana-tar». Todo el mundo está de acuerdo en situarlo seis años antes de sí mismo.

—¡Primer milagro! —grita Sansón echándose a reír.

—Todos —exclama el cura— todos los hijos de los curas son infernales, ¿sabes por qué? ¡Porque son enviados por el diablo! Es evidente... ¡Mira a Sansón! Menos mal que su madre era una santa mujer. Es la compensación.

Traga un bocado antes de proseguir:

—Jesús viene para descender a los infiernos, ahí donde se fabrican las soluciones infernales de nuestro futuro.

Luisiana no puede evitar interrumpirlo:

—Para ello debe morir en una fecha precisa, en los 90 años de transición entre Aries y Piscis. Ese periodo permite el nacimiento de niños que tienen sus dobles, bien en el futuro, como aquellos que nacieron antes, durante Aries, bien en el pasado como aquellos que nacerán durante la era de Piscis.

—¿Por qué —pregunta Sansón— hablas de una fecha precisa, para su muerte?

—Durante esos 90 años el futuro «abre» sus puertas durante 3 años cada 30 años. Para tener éxito en su «misión», que consiste en arreglar el futuro, lo mejor de todo era morir entre los 30 y los 33 años. Si moría antes, las «puertas», estando cerradas, su misión se hacía imposible. Si moría después, un tercio de aquellos que le esperaban en el futuro, ya no lo verían. Entre los 60 y los 63 solo podía recuperar dos tercios. Y, entre 90 y 93 años, un tercio. Posteriormente, sería el fracaso total.

El cura parece aturdido y esconde su emoción:

—Esa es pues la razón por la que Jesús se mantuvo con vida hasta los 30 años, pero escondido para no arriesgarse a que le mataran. Murió a los 33 años y se benefició de una vida pública de tres años, tal y como cuenta la tradición y algunos libros a los cuales he tenido acceso.

Un cálculo mucho más preciso muestra que debía de morir a los 33 años menos una milésima de ese periodo, es decir, casi 12 días antes de su 33 cumpleaños. Jesús vino a la tierra para arreglar el «futuro potencial» de los hombres, que los griegos paganos de la época llamaban el «pecado[6]». En esa época, todos los doctores de la ley sabían, que un «enviado del pasado», debía encarnarse en ese momento para borrar los «pecados del mundo[7]». En efecto, ese período era propicio para venir con un doble en el pasado y un doble en el futuro. Lo que hizo decir a Jesús[8]: «Yo estoy en el padre y el padre está en mi».

Curioso, el cura le interrumpe:

---

6. Amartis: un pensamiento crea un futuro potencial, es decir, un pecado que se vuelve tentación para aquél que va a actualizarlo en su vida.

7. Entre los períodos de Aries y de Piscis, el periodo de transición es de 90 años. Abiertas de par en par al principio de esta transición, las «puertas» del futuro se vuelven a cerrar cada 30 años durante 3 años. Están pues solo abiertas de par en par entre los 30 y los 33 años. Jesús se puede morir entre los 60 y los 63 años, en cuyo caso un tercio del futuro es inaccesible. Entre los 90 y los 93 años, solo queda un tercio. Después de ese periodo de transición, las puertas se vuelven a cerrar y el futuro ya no es accesible.

8. Jesús tiene un doble en el pasado y otro en el futuro. Este no es nuestro caso. Nuestro doble se encuentra en el pasado para que podamos encarnarnos en la tierra durante la época de Piscis. No estamos desdoblados en el futuro, de ahí el peligro de vivir en la tierra durante ese periodo.

Y a la inversa, durante el periodo de Aries, los hombres tenían a su doble en el futuro y nada en el pasado. Jesús debía traer de vuelta los dobles del futuro al pasado, para mantener la encarnación en la tierra durante el periodo de Piscis. A partir de la explosión solar del 13 de marzo de 1989, vivimos el periodo de transición entre Piscis y Acuario.

—¿Cómo puedes adelantar cosas así, incluso con cálculos sabios? ¿Qué prueba tienes?

—¡Una prueba totalmente inesperada! Durante una conferencia en Bruselas organizada por Michèle Cédric, conocida periodista de la televisión belga, conocí a otro conferenciante, Raouf Oufkir. ¿Os acordáis del golpe de estado fallido del general Oufkir contra el rey de Marruecos? Raouf era su hijo.

—¡Sí, me acuerdo! El general se suicidó... con tres balas en la nuca. Bueno, es lo que dijeron aquellos que no creyeron en esa versión oficial. Su mujer y sus hijos fueron enviados a una prisión en el desierto...

—Y unos veinte años después ocurrió lo más increíble. Encerrado en su celda, con la moral por los suelos, Raouf vio una luz intensa delante de él. En ese momento oyó una voz: *«Soy Yeshuash, no desesperes, serás liberado a la edad que yo tenía cuando morí...»*

—Verdaderamente ¡muy extraño!

—¿Tú piensas que un musulmán convencido, sostenido por su fe durante su larguísimo cautiverio, habría podido oír en su prisión el nombre arameo de Yeshuash[9]?

—Esa es también la pronunciación en griego antiguo de Jesús.

—Y lo que más le interesaba a mi padre era conocer la edad de Raouf cuando fue liberado. Al final de su conferen-

---

9. Esa es también la pronunciación en griego antiguo de Jesús.

cia se precipitó sobre él, para preguntárselo. Su respuesta no se hizo esperar: «¡Eso es fácil de acordarme! Faltaban 11 días para mis 33 años.» ¡Te puedes imaginar mi emoción!

El anciano parece perdido en sus pensamientos, y esboza un principio de sonrisa como si estuviera satisfecho.

—Lo que me gusta de esta historia, además de la confirmación de vuestros cálculos, es el hecho que un musulmán se sienta tranquilizado por Jesús. ¿No es esa una maravillosa prueba de solidaridad de esos dos grandes profetas? Se ha dicho demasiado, que como Mahoma llegó después de Jesús, repetía las mismas buenas palabras. En tu relato, Jesús viene a ver a un hombre que reza a Mahoma. ¡A mí me encanta este ecumenismo del más allá! ¿Cómo lo explicas?

Sansón da su punto de vista que no tiene vuelta de hoja:

—Para mi padre que hablaba claramente, los dos eran como uña y carne.

El cura asiente:

—Tu padre era un poco «bruto» pero era tan verdadero y sincero... ¡Un verdadero amigo!

Yo, por mi parte diría, que Jesús y Mahoma no son sino los dos dedos de una mano del Creador.

11

Ciencia y espiritualidad

Este tema tan crucial les empuja a proseguir esta conversación.

—Para mí, cura católico, no existe diferencia entre Jesús y Mahoma. Pero no sé cómo explicarlo. Igual es una tontería, pero es así... Me caía muy bien el padre de Sansón, porque, para estremecer a los conservadores despreocupados, «excavaba» por todos los sitios, y siempre terminaba por tener una explicación lógica, pero a menudo revolucionaria. Ahora dime tú lo que piensas.

—¡Ah no! —exclama Sansón—, si le haces una pregunta te va a soltar un sermón interminable. ¡Ten cuidado!

El anciano se contenta con sonreír, al tiempo que interroga a Luisiana con la mirada.

—Pienso, en efecto, que hay una explicación totalmente lógica y perfectamente aceptable por todo hombre sensato, capaz de liberarse de los dogmas, tabúes, postulados o prejuicios. De todas formas, debemos partir de la idea de un Creador, que se desdobla para conocerse sin modificarse, en un tiempo en el que sigue siendo él mismo. Sus criaturas le fabricarán un futuro potencial que él aceptará o rechazará, al final del ciclo de desdoblamiento de los tiempos.

Sansón mueve la cabeza en signo de desaprobación.

—Como «profe» de historia, aceptar una fuerza creadora inicial, es lo más científico que hay. Incluso con su premio Nobel, Max Planck habló de ello durante una conferencia en Italia[10].

—Es una evidencia para aquellos que estudian la materia y el universo —admite Luisiana, que precisa inmediatamente—: ignoran los dogmas religiosos que obligan a los ateos a ponerse orejeras. Para conocerse, el Creador se fabrica criaturas a su imagen. Estas encuentran la igualdad con Él por intercambio de informaciones en tiempos imperceptibles. Esto genera una «telepatía» constante entre todas las criaturas vinculadas con el Creador. No puede así, haber jerarquía entre criaturas telépatas, puesto que cada una posee el potencial de la otra. ¡Es pues una Eucaristía permanente entre ellas! ¡He ahí el porqué de este intercambio de potenciales!

El anciano se regocija encantado de esa conclusión, pero también se extraña:

---

10. *«Como un hombre que ha dedicado su vida entera al estudio de la materia, puedo decirles lo siguiente: ¡No existe la materia como tal! Toda la materia se origina y existe, solamente en virtud de una fuerza, que hace vibrar las partículas de un átomo y mantiene unido este minúsculo sistema solar del átomo... Debemos asumir tras esta fuerza, la existencia de una Mente consciente e inteligente. Esta Mente es la Matriz de toda la materia.»* Max Planck, conferencia en Florencia, Italia 1944.

—Ciertamente, Mahoma dijo que no había diferencias entre él y Jesús. Pero ¡esos dos profetas no tuvieron para nada la misma vida!

—En efecto, llegaron del mundo del Creador en épocas muy diferentes. Jesús era el duodécimo «avatar», llegando entre Aries y Piscis. Mahoma cerraba la esclusa de los tiempos, que Buda había abierto para Jesús. Las condiciones eran totalmente diferentes[11].

El Padre Antonio interrumpe, perplejo:

—¿Son las épocas diferentes la causa de la diferencia de posibilidades?

—¡Claro! La llegada de Mahoma a la tierra sigue la ley del desdoblamiento[12]. Él también fue capaz de ver el futuro para arreglarlo antes de vivirlo. Ese era su rol como profeta pues, en su época, el futuro seguía siendo muy violento. Conociendo la ley de los tiempos, Jesús sabía que los primeros mil años de Piscis serían difíciles.

Sansón, sin pestañear:

—¿Eso era ya así, mil años antes?

—¡Eso es lo que nosotros pensamos! Pero es más sencillo vivir durante el día de Aries con el doble en el futuro

---

11. Véase el libro *Cambia tu futuro por las aperturas temporales*.

12. Jesús nace en -6. La esclusa del tiempo Aries-Piscis se abre 540 años después (o sea 5 veces 90 años) se vuelve a cerrar 90 años más tarde en el 624. Mahoma muere en 638, 12 años después del cierre de la esclusa. La apertura de la esclusa ocurre 540 años antes del nacimiento de Jesús. Situamos la fecha de nacimiento de Buda entre -624 y -563. La analogía de las enseñanzas de Buda, Jesús y Mahoma muestran perfectamente que estos tres profetas utilizaban la misma fuente de información.

y ángeles guardianes en el pasado, que vivir durante la noche de Piscis, con el doble en el pasado sin ninguna protección en el futuro.

—Pero ¿por qué? se pregunta el Padre Antonio.

—Los ángeles guardianes no existen en nuestro futuro.

—Ninguna teología evoca esto.

El mendigo suspira. El historiador se despierta de nuevo:

—Pero sabéis perfectamente que ninguna teología actual habla del doble… Tomás, apóstol de Jesús, es sin embargo muy claro en su Evangelio, que evidentemente no ha sido reconocido por la Iglesia[13].

—Y los templarios sabían que no estaban solos sobre sus caballos, sino que estaban con sus dobles.

El anciano parece pensativo.

---

13. Encontrado en el desierto de Etiopia en los años 40. *«En el día cuando estabais juntos os separasteis (durante 24.840 años) mas cuando os hayáis separado ¿que haréis?»… «Cuando hagáis de los dos uno, y hagáis el interior como el exterior, lo de arriba como lo de abajo,… si establezcáis el varón con la hembra como una sola unidad, (durante 1.080 años) entonces entraréis en el Reino.»* Evangelio de Tomás (dichos 11 y 22).

—Según lo que me acabas de decir, después de la noche de Piscis nos encontramos en el día de Acuario, o sea, que re-encontramos a los ángeles guardianes en el pasado y nuestros dobles van al futuro.

—¡No! Se trata sencillamente del final de ciclo de los tiempos. Cueste lo que cueste debemos reencontrar a nuestro doble, ahí donde está. Esta vez Jesús debe ayudarnos a pasar al pasado de nuestro doble, que se ha quedado en su mundo, para ir a una de las moradas que nos ha preparado[14]. Salimos entonces de nuestro mundo terrestre

—Y un científico ¿se atreve a hablar así?

—Esto es lo que enseña mi padre, y es lo que hace decir a algunos científicos «frioleros», que hace amalgamas tontas entre la ciencia y la espiritualidad. La ciencia y el ciclo de los tiempos están a nuestro servicio y no a la inversa. ¿Por qué no meter prisa a los físicos que se confortan en una estrechez de espíritu, que les hace sentirse bien frente a un universo tan maravilloso? Existe un creador del desdoblamiento. Es la ley. Aquel que lo ignora está fuera de la ley y, por ello, se vuelve peligroso sin saberlo.

—¿No es este el caso —precisa el cura con ligero movimiento de cejas—, de todos aquellos que no quieren reconocer la existencia de ese Creador?

El mendigo vuelve a suspirar.

---

14. «*En la casa de mi Padre hay muchas habitaciones [...] voy a prepararles un lugar. Y después de ir y prepararles un lugar, volveré para tomarlos conmigo, para que donde yo esté, estén también ustedes.*» Evangelio según San Juan, 14-2/3

—Un Creador de nuestro desdoblamiento, no tiene nada que ver con el Dios de las religiones, que nos arrastran hacia dogmas sin ningún interés. Jesús nos ha dicho: «Hay algunos de los que están aquí que no probarán la muerte». Es evidente que todos los contemporáneos de Jesús están muertos. Pero esta frase tiene un significado muy diferente para los doctores de la ley. Al final del ciclo de los tiempos, vendrá a buscarnos para evitarnos «el lloro y el crujir de dientes». Y eso me hace sentir bien cuando me muero de aburrimiento y frío en mi banco.

12

La muerte del mendigo

Al día siguiente Luisiana está arreglando el ático que tiene en su inmueble. Piensa ofrecérselo al sin techo. Cuelga sobre un clavo un traje de su padre y deja sobre la cama, un pijama, una camisa y calcetines.

Saca de una caja, ositos de peluche, muñecas y demás… y se sienta sobre la cama, soñadora.

Al salir del inmueble con dos grandes bolsas de basura, Luisiana ve a lo lejos un coche de policía. El vecino, siempre el mismo, con aire indiferente, está fumando en la acera el cigarrillo prohibido en su casa. Esta indiferencia aparente, se transforma en atención vigilante cuando distingue a Luisiana. No hay persona más curiosa que este hombre, que conoce todos los chismes del barrio y que los alimenta día a día. Se lo pasa bomba. Un policía que hace subir a Luisiana a su coche ¡es signo evidente de malversación! Ya está pensando en todo lo que va a poder contar...

Él no sabe que podemos vivir aquello que nos inventamos. Piensa que su mediocridad es fruto de un mal destino. Nunca le vendría la idea a la mente, por otro lado justa, que podría cosechar, lo que siembra con sus horribles chismes.

***

Luisiana no se siente muy bien. Acaba de ser llevada en coche de policía como una granuja, bajo los ojos de su vecino. Los dos guardias —de nuevo los mismos— no se atreven a levantar la voz. Ellos tampoco entienden nada, pero no quieren recibir reproches de su comisario. Nada más llegar, este le recibe en su oficina y se excusa:

—No quería causarte perjuicio al enviar a buscarte un coche de policía cual taxi... Se trata de tu mendigo. Está muerto...

—¡Muerto! pero, ¿cómo puede ser?

—La pregunta no es ¿cómo? sino ¿quién?

Luisiana no entiende esta pregunta que le parece totalmente fuera de lugar.

—Que sepas que fue profesor de historia en el liceo Enrique IV. ¡Una buena persona! Murió junto con su mujer y madre de su hijo en un accidente de coche.

—¿Muerto?

—Muerto y enterrado por su hijo.

—Nunca me ha hablado de su hijo, pero yo conocía su nombre: Sansón de Foulonge.

—¡Se llamaba Samuel y no Sansón!

—¡Curioso! Pero eso no cambia sus iniciales. Estaba orgulloso de ellas.

—¿Sus iniciales? Ah sí —se da cuenta Jacques—, SDF, Sin Domicilio Fijo, pero ¡profesor de historia! Esto no tiene ningún sentido… vamos a comprobar todo esto… es demasiado raro.

***

Al día siguiente, por casualidad, Luisiana encuentra a Sansón en su banco. ¡Qué sorpresa!

—¡Me han dicho que estás muerto!

—Siempre hay cabrones para contar lo que creen saber. No entiendes nada de nuestra libertad de mierda, ¡así que deja de joderme! Mi espíritu es mi libertad. Un cuerpo es una prisión. ¡Tú lo sabes! ¿Has visto a todos esos cabrones que piensan en un final del mundo el 21 de diciembre del 2012? ¿Qué pensarán cuando estén en el 2013 y sigan estando vivos? Un final de ciclo no es un final del mundo.

—Es el espíritu de verdad que va a invadir a todo el mundo.

—¡Espíritu de verdad! Entonces, pocos resistirán, ¿te lo imaginas? Cada uno vivirá las consecuencias de sus mentiras, de sus creencias, de su hipocresía.

—¡Nos vamos a reír!

—¿Y por qué no cambiar nuestra manera de pensar a partir de ahora mismo? Podríamos entonces vivir todo el bien que construiría nuestra imaginación.

—¡Me gustan las chicas como tú! —dice el mendigo con tono burlón— ¡sueñan! No ocurrirá nada más… como mucho la «tontería» de los humanos será todavía ¡más explosiva!

—¡Por qué perder el tiempo con un pobre tipo que no entiende nada! La imaginación, es la única solución de porvenir, para sacarnos del apuro en el que nuestros pensamientos pasados nos han metido. ¡Así que imagina lo mejor en vez de dar vueltas de continuo a las mismas tonterías! Se abren las puertas de las estrellas y tan solo entrarán aquellos que no tengan ninguna creencia, ningún prejuicio, pero que tan solo desean vivir un mejor porvenir. Hace falta, sin embargo, que lo hayan podido imaginar, aunque sea con vestimentas que apesten ¡la triste miseria!

Se levanta, decepcionada.

—A todo esto, parece ser que Samuel de Foulonge está muerto y enterrado... Entonces, ¿quién eres tú, Sansón?

El mendigo se levanta a su vez, suspirando.

—¡Qué pregunta más tonta! Había cambiado Sansón por Samuel para que pareciera más serio en el liceo. Pero tengo sin embargo un domicilio fijo en el que puedes comprobar que sigo vivito y coleando. ¿Me oyes? La entrada es por el boulevard de Ménilmontant enfrente de la calle de la Roquette. No te puedes confundir. Es la tercera calle a la izquierda en esa urbanización hecha para personas como yo. Mi hijo me ha vuelto a dar cobijo. ¡Se acabó el mendigo a la luz de las estrellas!

Y se aleja sin mirar hacia atrás.

Luisiana hace lo mismo, pero se da cuenta que se ha olvidado preguntarle el número del boulevard, y va en vano tras las huellas del mendigo. La calle está desierta. ¿Cómo ha podido desaparecer tan rápido?

Una llamada telefónica a Jacques y obtiene la dirección... Es la del Padre Lachaise. Así que decide girar a la izquierda en la tercera calle. De repente, se para y se queda boquiabierta. No, no está leyendo al revés:

—Aquí reposan Samuel y Aimée de Foulonge.

Bajo el shock, se sienta sobre la tumba y le parece escuchar la risa del mendigo:

—¡Tengo un domicilio fijo donde estoy bien vivo!

Se sorprende al verse llorar aunque sin ninguna tristeza, como si una gran alegría le invadiera. Un joven se acerca a ella muy intrigado.

—Perdone ¿conoce usted a mi mujer?

—No, solo a su padre... Y no sabía que había muerto... ¿Cómo sucedió?

—Un accidente... y si hubiera tenido dinero, nunca lo habría enterrado con mi madre y mi mujer.

Luisiana descubre entonces el nombre de Sybille de Foulonge bajo los otros dos nombres.

—Sepa usted que no deseo para nada conocer a sus amigos.

Luisiana se pregunta si están hablando del mismo de Foulonge. No se quiere ir sin haberse asegurado de ello.

—Su padre era el profesor de historia del liceo Henri IV, ¿no?

—¡Sí, eso sí! Y para contar historias era muy bueno... ¿Me puede dejar solo por favor? Es el aniversario de la muerte de mi mujer y me gustaría estar solo...

Luisiana saca un billete de cincuenta euros de su monedero.

—Póngale por favor unas cuantas flores de mi parte, como recuerdo.

Al tiempo que da los cincuenta euros al hijo, Luisiana se acuerda de su primer encuentro con el padre. Este le parece de repente tan cercano, que lágrimas de emoción se deslizan por sus mejillas.

Viendo esto, el hijo no puede sino pronunciar una frase de circunstancia:

—¿Por qué ponerse así? Él no valía para nada la pena de algo así.

—Leyendo una auténtica compasión en su rostro, Luisiana se echa a reír... Y le parece oír de nuevo, cual eco, la risa del mendigo.

***

Al salir del cementerio, Luisiana se encuentra cara a cara con el joven del banco del parque que le espera tranquilamente. Una veintena de palomas giran a su alrededor. Echándose a un lado, los transeúntes le rodean, dándole una apariencia de realidad de la que carece, menos a ojos de Luisiana.

—¿Entiendes ahora por qué a tu editor ya no le interesa tu manuscrito? Tu libro se escribirá pensando en Sansón, y tu conclusión será totalmente diferente de la que pensabas haber escrito.

—¿Y cuál es?

—Más o menos bien informados, los «iluminados» de todo tipo, hablaron del final del mundo en diciembre 2012. Se callaron en el 2013, de la misma manera que han guardado silencio, los numerosos falsos profetas que nos programaban enormes catástrofes en el año 2000.

—Estamos, sin embargo, viviendo una época muy peligrosa ¿no?

—Los alarmistas anuncian futuros potenciales peligrosos que los pensamientos de los hombres crean. Ese es su rol. Los profetas de buenos o malos augurios, deben mostraros la necesidad de cambiar vuestra vida. Para ello no hay necesidad alguna de filosofar ni de disertar acerca del sexo de los ángeles. ¡Imaginémonos un futuro maravilloso! Sí, siempre vivimos en la fábula que nos contamos y soñamos, antes incluso de vivirla. Pronto todo el mundo hará lo mismo y, como la mayoría de los soñadores, no sabrán ni el por qué ni el cómo, y habrá vanas desesperanzas. A vosotros os corresponde ahora inventar todo lo necesario para ¡soñar bien!

Las palomas se echan a volar y Luisiana se da cuenta que el joven ya no está ahí.

13

Un muerto bien vivo

Intrigada y dándole vueltas en su cabeza a los últimos acontecimientos a los que acababa de asistir, Luisiana decide volver al parque a ver al mendigo. Viéndole en su banco se sorprende a sí misma repitiendo lo que ya dijo el día anterior:

— ¡Me han dicho que estás muerto!

Y escucha la respuesta tan esperada:

—Siempre hay cabrones para decir aquello que creen saber. ¿Vienes a excusarte? ¡Pues date prisa! Estoy aquí, tan solo para que puedas mirarte en un espejo, sin horrorizarte de ti misma. Querías ofrecerme tu habitación bajo techo, es eso, ¿no?

Luisiana está estupefacta. Y lo que añade Sansón entre risitas la sume en un estado más profundo de confusión.

—Vaya pinta tendría yo en mi banco con los trajes de tu padre. ¿Te lo imaginas? Lo he adivinado todo... ¡Así que fuera de aquí antes de que me hagas vomitar!

—Primero me vas a escuchar. He encontrado la tumba donde estás enterrado junto con tu mujer Aimée de Foulonge.

—¡Pero estás tonta! —grita el mendigo totalmente turbado.

—Mientras no se demuestre lo contrario, no se entierran a los vivos. Y a tu hijo ¡le habría gustado no verse obligado a enterrarte al lado de su madre y de su mujer!

—¡Mi hijo! —grita Sansón estupefacto.

Luisiana observa que al mendigo se le ha borrado su sonrisa burlona. ¡Esta tan pálido… como la muerte!

—Perdí mi carnet cuando murió mi mujer. Y mi hijo me rechazó porque yo maté a su madre y a su mujer. Ya ni siquiera sé lo que hace… y lo que es peor, ¡me da igual!

Y dice, poniéndose nervioso:

—Porque él me enterró, ¡piensa que estoy muerto!, el muy tonto, eso le tranquiliza, y tú lo mismo… te paseas en mis sueños, ¡nada más! ¿Te imaginas en el cementerio con el hijo que viene a ver a su madre y a su mujer? Te paseas en los jardines secretos de un pobre tío como yo o como él. A fuerza de sentarte en mi banco vas a delirar tanto como yo.

—¿Por qué me has dicho que tenías un domicilio fijo con entrada por el boulevard de Ménilmontant enfrente de la calle de la Roquette?

El mendigo mira a Luisiana con aire de perro apaleado.

—¡Porque es verdad! ¡Mi hijo me ha realojado! ahora ya puede vivir sin escrúpulos.

Viendo que Luisiana intenta, en vano, entender, Sansón explica:

Un atardecer iba yo al volante de mi coche con mi querida esposa a mi lado, y mi hijo y su mujer detrás…

Vuelve a pensar en ese día, se refleja en él una gran tristeza, la mirada en el vacío…

—Me di un golpe tremendo contra un poste. Cuando recuperé el conocimiento vi a nuestras dos mujeres tumbadas una al lado de la otra sobre la acera. También murió un peatón, su rostro totalmente aplastado. Lo habían cubierto con mi vieja cazadora de cuero, en la que llevo toda mi documentación. Pensando que se trataba de mí, mi hijo le injuriaba, tratándole de todos los nombres habidos y por haber. Yo intentaba hablarle pero él no me escuchaba, no me veía, pues estaba tan sumergido por el dolor.

Se vuelve a ver a sí mismo hablando con su hijo, pero éste le ignora totalmente.

—Entonces decidí dejarlo todo… ya no me acuerdo lo que hice… sin duda el schock. Y un día de bajón, seguía a mi hijo que iba al cementerio, y entonces descubrí mi nombre en la tumba de mi mujer y la suya. ¡Imagínate mi sorpresa! Mi hijo me había enterrado… por eso tengo mi domicilio fijo en el cementerio. Sabía que te asombraría pero bueno… me gusta la idea.

—¿Qué idea?

—La idea de estar muerto.

—¿Y tu hijo?

—Él no es como tú. Él no me oye ni me ve. No así su hijo… me dice que no visto bien y que huelo igual de mal que la basura de su padre.

—Y yo que quería proponerte…

—¡Sí, ya sé! La ropa del padre y los ositos de peluche de la niña…

Luisiana está alucinada. ¿Cómo puede haber adivinado sus intenciones? Samuel le sonríe:

—¿Piensas que eres la única que viaja en el tiempo de los sueños? He visto todas tus muñecas en fila india en la cama que me has preparado. Pero pienso que voy a aceptar tu propuesta degradante. Nunca se sabe. Si nos reconciliamos igual puedo volver a ver a mi mujer.

—Pienso que primeramente ¡deberías darte un buen baño para quitarte la capa de sarro apestosa que llevas!

—¡De acuerdo!

Sencillamente desaparece y Luisiana por fin descubre a los curiosos que, atónitos, le miran hablando al vacío.

Entrando en su apartamento, Luisiana descubre rastros inquietantes de pies descalzos sobre la moqueta.

En el cuarto de baño, Samuel disfruta en la bañera al tiempo que pasa revista a los innombrables productos de belleza, dejados con cuidado sobre un estante.

Una llamada al timbre de la puerta le hace levantar la cabeza.

Luisiana abre la puerta de entrada y descubre con gran asombro a Jacques.

—Tu mendigo no es en absoluto un fantasma. Es un desconocido. El profe de historia del liceo Enrique IV está bien muerto y enterrado. Estamos investigando acerca de tu sin-techo que probablemente tiene algo que esconder. ¡Ten cuidado!

Un ruido proveniente del cuarto de baño le sorprende.

—¿No estás sola?

—Sí, claro que lo estoy.

Un plouf y un juramento igual de potente sorprenden a la vez a Luisiana y a Jacques.

Jacques saca su arma y se dirige al cuarto de baño. Abre la puerta, amenazador.

—No me digas que ¡es el comisario el que viene de nuevo a fastidiarnos! —oye Luisiana, quien esboza una ligera sonrisa.

Sin embargo, con gran extrañeza, ve que Jacques no parece para nada sorprendido. Abre la puerta y ve a su vez que no hay nadie en el cuarto de baño.

—¿Qué era ese ruido? –Pregunta

—No lo sé, igual se trataba de mi fantasma.

Jacques se encoje de hombros, pero Luisiana observa su aspecto intrigado.

***

En comisaría nadie conoce al mendigo.

Los dos policías son rotundos: Luisiana siempre estaba sola y les contaba tonterías acerca de un mendigo y de un banco que ¡no existe!

Atónita, se dirige al lugar: ¡el banco ya no está ahí! La tienda de enfrente es moderna y no se parece en nada a la antigua.

En la sala anexa a comisaria, el camarero es rotundo. Ella estaba sola con el comisario. Jacques a su vez confirma todas las afirmaciones del camarero.

Luisiana se vuelve loca. Intentando entenderla, Jacques descubre con sorpresa en un viejo catastro, la existencia de una iglesia hoy en día desaparecida, y obtiene la dirección.

Se desplazan los dos juntos al lugar. La iglesia en medio de las dos torres ha desaparecido, pero la dirección es la correcta, las dos torres siguen estando ahí. Una vieja pareja de tenderos se acuerda muy bien de la iglesia y de su cura.

Todos los libros de la iglesia han ido a parar a la biblioteca municipal, incluso un Corán con anotaciones del cura.

***

Cuando vuelve a su casa oye de nuevo un ruido en el cuarto de baño y, estupefacta, descubre a Sansón, en la bañera.

—¿De nuevo usted?

—¿No me has dicho que debo lavarme para ir a ver a mi hijo?

—Pero, ¿quién es usted?

—¿Por qué no quieres creer que soy el padre de mi hijo? Pues yo te voy a mostrar lo contrario, para que no te hagas, como ese cabrón, películas tan tontas como estúpidas.

14

Reencuentro y explicaciones

Apuesto, vestido elegantemente, Sansón baja del coche que Luisiana acaba de aparcar, delante de un edificio vetusto pero con bonita arquitectura.

—¿Estás seguro que sigue viviendo aquí?

—¡Claro!

Sansón no desea explicar el porqué de su certeza. Ha venido a menudo a espiar a su hijo. Sabe que tiene un hijo. Después del accidente, antes de morir, la mujer de su hijo dio a luz a un niño.

—Pienso que teníamos que haberles avisado. El verte les puede causar un shock fuerte.

—¡Ya veremos! —responde Sansón, que no quiere mostrar que se encuentra nervioso, como un niño con zapatos nuevos. En su fuero interno, implora a su mujer ser bien recibido por su hijo.

Por suerte, la puerta del inmueble se abre justo cuando llegan delante del portero automático. Sosteniendo la puerta, con mucha educación, Sansón deja pasar a una persona que sale y que le agradece su amabilidad.

Luisiana se extraña:

—¡Ella, te ha visto!

—Sobre todo, ha abierto la puerta…Hemos pasado la primera barrera sin ningún problema.

—Ya te lo he dicho, siempre vivimos aquello que nos imaginamos. Así que, ¡más vale imaginarnos lo mejor!

Sansón mira los nombres del portero automático. Luisiana siente que está alerta.

—Bueno, tan solo hace falta que nos abra —dice tocando el timbre.

Nadie responde. Todo está silencioso.

—¡Déjame a mí!

Toca el timbre y una voz masculina contesta:

—¿Quién es?

—Soy una amiga de Sansón de Foulonge. Me gustaría comentarle un par de cosas acerca de él. ¿Tiene un par de minutos?

—Es en el tercero a la izquierda del ascensor.

***

Al salir de ascensor, preso de un pánico repentino, Sansón desciende las escaleras de cuatro en cuatro. Luisiana no tiene tiempo de reaccionar pues se abre una puerta delante de ella y aparece un joven alto y apuesto. Este último se siente muy turbado al reconocerla.

—¿Otra vez usted?

—¡Pues sí! He…

—¿Qué quiere usted de mí?

Con aspecto enloquecido, el hijo abre desmesuradamente los ojos, mirando detrás de él. Cual bloque de hielo, Luisiana se da la vuelta. Sansón está ahí esbozando una leve sonrisa en medio de un rostro de un pálido cadavérico.

—Simón, ¡hijo mío!

Simón se vuelve pálido:

—¡Papá! —grita antes de desvanecerse.

***

Sansón entra en el apartamento. Pareciendo reconocer el lugar, abre la puerta del salón y ayuda a Luisiana a poner a su hijo sobre el sillón.

Un grito les sorprende. La niñera del pequeño Maxu acaba de entrar. Al ver a Simón desvanecido grita antes de desvanecerse ella también.

—¡Pero bueno! ¡Esto es una hecatombe!

—No, conmigo es ¡ultra-tumba!

Cuando sientan a la mujer sobre el sofá al lado de Simón, una pequeña voz les sobresalta.

—¡Pero vaya! —murmura el niño de tres o cuatro años—. ¡No es hora de dormir para los papás y las niñeras!

—Y tú, ¿cómo te llamas? —pregunta Sansón, muy sorprendido pero infinitamente feliz de hablar con él.

—Maxu.

—Y tú, ¿no me preguntas quién soy yo?

—Pero es que ya sé que eres el papá de mi papá. Le pedí que vinieras a vernos.

Desconcertado, Sansón no entiende, no más que Simón quién acaba de recobrar consciencia:

—¿A quién se lo has pedido?

—¡A mí mismo! —dice riendo.

—¿A ti mismo? —pregunta Simón, totalmente desconcertado…

—¡Pero es que no entiendes nada papá! —dice divertido— le he pedido a mi «yo esencial» que te lo diga. Es por eso que tu papá ha podido salir de mis sueños.

—¡Pero nadie me ha pedido nada! —clama Samuel.

El niño suspira ruidosamente dirigiéndose a Luisiana:

—Ya ves, incluso estando muerto, un abuelo es también un papá, es por eso que no entiende nada. Pero tú, que eres grande cómo una mamá, ¿cómo le has podido ver?

Es Luisiana la que ahora se siente fuera de lugar:

—¿De quién hablas?

El niño mira detrás de ella riendo:

—¡Díselo tú!

Luisiana se da la vuelta y ve al joven del banco del parque que sonríe justo antes de desaparecer.

—¿Por qué ha dicho eso?

—No ha dicho nada —responde Luisiana todavía bajo el shock de esa rápida visión.

—Pero ¿tú eres sorda o qué?... Ha dicho que tú eres capaz de ver aquello que no ven los mayores... porque sabes cómo jugar con los tiempos y porque sabes que es muy muy difícil jugar con eso. Oye, ¿me enseñarás a jugar con los tiempos? Me encantan los malabaristas en la tele... pero... ¿qué son los tiempos?

Boquiabierto, Sansón fija sus ojos redondos sobre Luisiana. Simón también.

—Pero ¡dime! —grita Samuel a su nieto— estoy bien vivo ¿no?

—Sí, le responde Maxu sonriente, pero en los sueños, porque aquí tan solo eres un gran fantasma. ¡Mira!

El niño pasa una y otra vez a través de él riéndose.

—La abuela lleva mucho tiempo esperando que entiendas que te está esperando. Dice que eres un juguetón…

—Y un cabeza dura —añade la abuela que acaba de aparecer.

Amorosamente mira a Sansón quién, sin intentar entender le coge entre sus brazos llorando de alegría.

Su madre hace un gesto a Simón quien viene a abrazar a ambos. El padre y el hijo se miran, como si se descubrieran o se volvieran a encontrar.

La niñera que se acaba de despertar se pregunta por qué Simón está de pie con los brazos en cruz, abrazando el vacío.

—¡Ponte los zapatos! Grita la niñera a Maxu, volviéndose a peinar delante del espejo. Ya he perdido bastante tiempo.

Simón se sobresalta y descubre que está solo.

—Ya ves —clama Maxu a Luisiana mientras se pone los zapatos—, las niñeras siempre piensan que hay que ganar tiempo, cuando sin embargo luego no saben qué hacer con él. Tú que conoces el tiempo que los demás no ven, deberías quedarte con papá. Le encanta perder el tiempo conmigo. ¿Tú también estás divorciada? O estás sola y triste como el papá de mi papá, que es más pequeño que papá, cuando sin embargo es el abuelo.

—Pero, ¡cuánto hablas! —responde Simón divertido.

—Sí, pero yo sé lo que digo.

Girándose hacia Luisiana añade:

—Me gustaría saber si estás divorciada.

Simón parece divertido:

—Los niños pequeños no hacen esas preguntas.

—Sí, pero yo soy un niño grande que hace las preguntas que quiere.

Y sin esperar ninguna respuesta, coge la bolsa que le da su padre y lanza un beso al aire.

—La semana que viene, -le dice a su padre- iremos con ella. Ella te enseñará a ver lo que tú no quieres ver y te hará una hermanita guapa para mí.

La niñera se encoje de hombros.

—¿Qué tonterías se están ustedes inventando de nuevo?

Mira a Simón con aire divertida e interrogante.

—Pero niñera, no son tonterías —y le precisa a Luisiana— las niñeras no entienden nada. Y tú, ¿tampoco entenderás nada cuando seas la mamá de mi hermanita pequeña?

Muy incómoda, Luisiana se da prisa en despedirse de todo este mundillo que le ha dejado bastante desconcertada.

***

En cuanto sale del edificio, el hombre del banco del parque camina a su lado.

—¿Por qué huyes? Hago todo para ayudar a que tu vida no sea inútil, y renuncias tontamente a todo lo que he podido prepararte.

—Pero por qué me sigue usted a todos lados, ¿me quiere usted volver loca?

—Si me ves es porque aceptas mi ayuda… entonces, ¿por qué te pones nerviosa? Yo te preparo el mejor futuro posible. ¿Te has olvidado que debes de hacer venir a Floria con el potencial de Simón?

Luisiana intenta comprender, pero en vano.

—Ella tiene que ser tu hija para que te puedas beneficiarte de mi ayuda y yo de la tuya.

—No entiendo nada ¿de qué hablas?

—Si has conocido al padre en un banco, es para que el hijo pudiera conocerte y dejarte embarazada… ¿has perdido la memoria hasta tal punto? ¡Debemos arreglar aquello que hemos perturbado! Y tú ya no entiendes nada de nada…

Maxu llega en su cochecito con su padre.

—Es normal no entender ya nada cuando se es mayor —le dice al joven.

Y como un gran chico, le explica a Luisiana:

—Antes de irse con su enamorada, mi abuelo me ha dicho que debes de abrir el futuro y pedirle la llave a tu padre. Luego, cuando hayas arreglado todo como es debido con tu "Psykaios", lo volverás a cerrar.

—Mi ¿qué? pregunta Luisiana.

Sin responder, Maxu se gira hacia su padre.

—Y tú ¿por qué nunca hablas del Psykaios? ¿Por qué? –pregunta a su padre de lo alto de sus pocos años.

—¿De qué?

—Del Psykaios

—He dejado a mi Psykaios en mi estrella para venir aquí contigo, pero tú ni siquiera sabes que existe.

Los tres llegan al parque en donde Luisiana había conocido al joven.

—Hay muchas cosas que desconozco, mi pequeño Maxu –responde el padre-, y un Psykaios en una estrella, no sé de dónde has sacado todo eso.

—No sobre una estrella, si no sobre ¡mi estrella en el cielo!

La incomprensión de su padre le hace suspirar.

—¿Por qué hay una estrella tuya en el cielo?

—¡Como todo el mundo! Me he ido de allí para ayudar a mi Psychaios a arreglar las cosas que hemos perturbado.

—¿Qué es lo que tú has perturbado? —pregunta Simón que sonríe divertido.

Esa sonrisa exaspera a Maxu.

—Hemos perturbado el mundo por venir. Hay que volver a poner cada cosa en su sitio. Estamos aquí para eso... ¿No habrás olvidado a tu Psykaios? Debe de sentirse tremendamente triste.

Dicho esto, Maxu se precipita corriendo hacia el banco para sentarse en él. Inmediatamente gorriones vienen a posarse a sus pies.

—Pero cariño, ¿quién te ha metido esas historias en la cabeza?

El niño mira a su padre con inquietud.

—Pero ¡alucino!

Maxu se siente aterido. ¿Cómo ha podido su padre olvidar la parte más importante de sí-mismo?

—Y ella –dice señalando a Luisiana—, ya ni siquiera sabes que ella está aquí para ayudarte, como yo. Jo, es grave, un papá que ya no imprime nada de nada en su cabecita... —y añade con aire muy adulto— ¡va a ser duro para ella!

Viendo que Luisiana sonríe mirando a su padre, se pone nervioso:

—No hay que reírse de todo, ¡si no me enfado mucho mucho y cuando me enfado mucho mucho Akoké Anogui se va!

Simón le sonríe a Luisiana antes de explicarle el significado de ese nombre:

—Akoké Anoni o Anogui, es su peluche con quien habla a menudo.

Maxu suspira mirando a Luisiana:

—Los papás son como los pájaros, ¡no entienden nada de nada!

Luisiana coge su teléfono.

—Perdonadme un momento, mi padre debe estar inquieto pues había quedado en pasar a verlo.

—¿Por qué pierdes tu tiempo con un móvil cuando puedes hablar con los pájaros?

Luisiana se queda petrificada. Es justamente esa frase que le dijo el joven cuando se vieron por primera vez.

Tal y como ocurrió la primera vez, los gorriones vienen a picotear la hierba de alrededor. Llenándose de coraje, uno de ellos se acerca al tiempo que inspecciona los zapatos de Luisiana quien se inclina, sonriente, lista a domesticarlo. De repente emprende el vuelo arrastrando tras de sí a los demás.

Maxu suspira moviendo la cabeza. Un gorrión se acerca a Luisiana y luego da media vuelta como si de repente tuviera miedo.

—Los pájaros lo saben todo y tienen miedo. Hay que acariciarles, pero cuando ¡ellos lo piden!

Divertida, Luisiana piensa en el joven que le decía lo mismo. Esto le intriga profundamente.

Maxu protesta, descontento:

—Lo que digo no es gracioso.

Y como si adivinara el sentido del pensamiento de Luisiana, suspira:

—Y Akoké Anogui, no es mi peluche, tu papá te lo explicará. Los pájaros ya le han avisado, ya verás.

Suena el teléfono de Luisiana. Maxu sonríe:

—¿Ves?

Es en efecto su padre quien la llama.

15

El Psychaios y Akokhē Anoni

Luisiana presenta a Simón y a su hijo a su padre.

Apasionado por este tema, este busca en el diccionario griego la explicación que le falta.

Al fondo del salón Maxu duerme profundamente sobre el sillón, arropado entre dos cojines y su osito de peluche.

—¿Has encontrado algo? —pregunta Luisiana a su padre a quien ve sonreír.

—¡Igual! En griego muy antiguo Psykaios existe y significa, más o menos «que viene del alma». Esto podría perfectamente designar al doble. ¡Qué sorprendente!

—¿Mi hijo hablaría en griego antiguo? —se extraña Simón quien añade rápidamente— pero que sepan, que no creo para nada en la reencarnación.

—Ni nosotros tampoco —contesta Luisiana.

—¿Qué es la re… la «ri-incarnación»? –pregunta la vocecita de Maxu que acaba de abrir un ojito, inquieto…

—Es difícil de explicártelo, hombrecito —responde Simón.

—¡Es sobretodo, completamente tonto! —lanza el padre de Luisiana- si caes en una alcantarilla que apesta, llena de ratas feas que tienen ganas de comerte y consigues salir de allí, ¿te gustaría volver de nuevo? Pues mira, hay personas que piensan que viven varias veces en la tierra.

—¡Pero no podemos alejarnos de nuestro psykaios así, sin más! —grita el niño divertido por esta idea.

—¿Dejar qué? –pregunta el padre

—Mi ¡Psykaios! Y encima tendría también que volver mamá y la mamá de la mamá.

Y viendo el diccionario pregunta:

—¿Puedes encontrar en tu libro dónde se encuentra?

—¿Qué quieres que busque, hijo?

—Mi estrella en el cielo. Se encuentra en Kuknos.

—¡Kuknos! Eso significa cisne en griego. ¿Hablas de una estrella en la constelación del cisne?

—Sí, es un gran pájaro que se va a ir a la cama, porque está muy cansado, como yo.

—Se vuelve a acostar en el sillón.

JL está muy sorprendido al oír como un niño habla de una constelación, en la cual se ha encontrado un agujero negro en su centro al final del siglo pasado, justo antes del de nuestra galaxia.

Curioso y a la espera de una posible explicación, su padre escribe un e-mail a una amiga, pidiéndole ayuda para aclarar este tema.

Por otro lado, él se refiere al griego, podría ser que hubiera un omega entre las 2 consonantes y un êta al final.

De pequeña, María pensaba que estaba de continuo con alguien como ella, un gemelo o un alma Hermana, pues ese ser le parecía que estaba prisionero de un cuerpo sin sexo o andrógino. Cuando iba por la calle, apartaba a las personas para que le dejaran paso. A las horas de comer exigía una silla vacía a su lado. Nadie la entendía. Cual no fue pues su alivio y alegría, cuando años después oye a un científico francés, hablar de un doble como un principio vital de vida.

La respuesta no tarda en llegar:

—Este niño me hace pensar en mi infancia. Pienso que agoghe es una palabra griega que viene de la palabra ΑΓΩΓΗ (alfa, gamma, omega, gamma, heta) y que significa: conducir, actuar. Anoni me hace pensar en la palabra griega ΑΝΩΓΙ (alfa, nu, omega, gama, iota) que significa más alto que la tierra. Es un nombre compuesto: ΑΝΩ (alfa, nu, omega) y GAIA (gama, alfa, iota, alfa)… Lo que nos quiere decir el niño es que a través de su doble, recibe la enseñanza de otro mundo más alto, más evolucionado que la tierra… Siento una gran emoción…»

—¿Cómo puede ser que un niño se exprese en griego? —se extraña Simón.

—¿Por qué imaginarnos dobles silenciosos? ¿No hablarían entre sí? Y si lo hacen ¿por qué no expresarse en griego?

Más de cuatro siglos antes de Jesucristo, Platón hace decir a Kratylos: *«Pienso, Sócrates, que la verdad absoluta no es sino una fuerza, superior a la fuerza humana, puso los primeros nombres a cada cosa con la condición de que fueran rigurosamente exactos.»*

Siendo el griego un idioma científico que explica el desdoblamiento[16], es difícil pensar que se haya sumergido a los hombres voluntariamente en la ignorancia suprimiendo este conocimiento.

A menudo, el tiempo y la tontería son suficientes para hacernos olvidar lo más importante. Ahora bien, con el conocimiento del ciclo de desdoblamiento de los tiempos, el alfabeto griego toma todo su significado y sentido. Nos prueba también que en los primeros siglos después de Jesucristo, nuestro desdoblamiento seguía siendo una verdad enseñada por los «científicos» de aquella época a quienes se llamaba «doctores de la ley» o «platonianos». ¿Por qué fueron masacrados bajo orden del Vaticano en el siglo sexto de la era cristiana? ¿No estaría la respuesta en la misma pregunta?

---

16. De los mismos autores, ver *Cambia tu futuro por las aperturas temporales.* Editorial reconocerse.

¿Pensábais que esto se iba a quedar aquí?

Abrís un libro, lo leéis, lo cerráis y se acabó… ¡pues no! Os pasamos el relevo. Vosotros debéis ahora pasarlo a otros, pero sin correr detrás de ellos. A veces es difícil esperar en vano a aquel que podría pediros ayuda. Pero el proselitismo es una herramienta de las tinieblas que nunca habría que utilizar.

¡Así que no prestéis este libro a vuestros amigos! Es una mala costumbre forzar a las personas a leer aquello que nos ha gustado a nosotros. Dejémosles libres de descubrir sus posibilidades futuras por simple telepatía. Sabrán si lo necesitan o no, y si les seréis útiles o no. Y ¡dejad de ayudar a aquellos que no os han pedido nada!

Es alucinante esa necesidad que tienen algunos de crecerse, pensando tener las soluciones a los problemas de los demás, cuando no las tienen ni siquiera para ellos. Menos mal, vosotros habéis leído estas páginas y ¡ya no sois de esos!

La teoría del desdoblamiento del tiempo y el cálculo de la velocidad de la luz

Jean Pierre Garnier Malet

Actualmente, materia, espacio y tiempo están definidos por el modelo estándar. El bosón de Higgs debía completar este modelo, pero, en vez de arreglarlo todo, su descubrimiento muestra que frente a numerosas incoherencias, la física fundamental debe de encontrar una nueva vía.

Ahora bien, **la teoría del desdoblamiento** explica varios puntos fundamentales, propone y justifica un nuevo paradigma. Basada en el desdoblamiento del espacio y del tiempo, implica el desdoblamiento de los observadores de esos espacios y de esos tiempos (leer más).

Esta teoría aporta una nueva noción de horizonte de partículas, en planos de observación privilegiados (plano del universo, plano galáctico, plano de la eclíptica, plano de polarización de las células en desdoblamiento, etc.). Gracias a este nuevo paradigma, un horizonte en un plano es siempre una partícula en su propio horizonte. Y la partícula de un horizonte es siempre un horizonte de partículas. Partículas y horizontes siguen el mismo movimiento de desdoblamiento pero a escalas diferentes de tiempo y de espacio lo cual necesita de la diferenciación de la percepción de los observadores.

Tres dilataciones de horizonte (x2^3) y una aceleración del movimiento de 1 a 1.000, en un plano de observación de un espacio a tres dimensiones, transforman la energía 1% en 1000% para un observador inicial, pero en un tiempo imperceptible, llamado «apertura temporal» y definido por el movimiento de desdoblamiento. Este último tan solo percibe el principio y el final del ciclo de desdoblamiento.

Estas dilataciones y aceleraciones exigen tres energías que el movimiento de desdoblamiento define de **manera rigurosa**: una energía antigravitacional (66,6%), una energía gravitacional (33,3%) y una energía de equilibrio (0,1%). Utilizadas en las «aperturas temporales» imperceptibles, esta energía de 1% se vuelve 1000% en otro espacio en donde ese tiempo se vuelve perceptible para otros observadores que evolucionan en ese espacio. Es el objetivo del desdoblamiento.

Reencontramos de esta manera la constante cosmológica de 66,6% que Einstein no pudo imponer, obligado a confesar que: «¡Ha sido el error más grande de mi vida!». En 1998, observando a una supernova, **Brian Schmidt** y **Saul Perlmutter** pusieron en evidencia esta energía antigravitacional de 66,6% que acelera la expansión del universo, corroborando de esta manera la teoría del desdoblamiento. Recibieron el premio Nobel en 2013.

Desdoblado de este observador inicial, un 2º observador utiliza esta energía en un tiempo que él percibe realmente, llevando a cabo de esta manera una experiencia en un tiempo imperceptible para el observador inicial. Esta experiencia real es un futuro potencial, que el primer observador memoriza instantáneamente en «aperturas temporales» imperceptibles. Entendemos por fin la utilidad del **principio de incertidumbre de Heisenberg** ($\Delta E.\Delta T \geq \hbar$) que asegura una energía potencial casi infinita en un tiempo casi nulo.

Esta teoría impone 3 constantes fundamentales: la velocidad de la luz C_0 y 2 velocidades súper-luminosas C_1 y C_2 que están unidas por la ecuación:

$$C_2 = 7\,C_1 = (7^3/12)10^5\,C_0$$

Actualmente, la física impone el postulado de un intercambio de estado instantáneo entre partículas desdobladas, considerando que existe un principio de no localidad.

Calculadas por la teoría del desdoblamiento, **estas velocidades súper-luminosas suprimen este postulado.** Fueron puestas en evidencia en 1982 por A. Aspect, aunque ha habido que esperar a las experiencias realizadas por N. Gisin y A.Suarez para que sean aceptadas (estos tres científicos recibieron el premio Nobel en el 2011). Como esas velocidades son muy grandes pero finitas, la intrincación no es instantánea.

El desdoblamiento de una partícula se efectúa en el plano privilegiado de un horizonte de observación entre una partícula interna (radial) que penetra en un horizonte y una partícula externa (tangencial) que da la vuelta al horizonte, siendo él mismo partícula externa en su propio horizonte...

Esta nueva noción de desdoblamiento (trayectos radial y tangencial) es perfectamente observable en los movimientos planetarios del sistema solar, del cual somos los observadores en nuestro tiempo de observación. En el 2005 esta noción me llevó a **justificar la llegada de planetoides** en el cinturón de Kuiper que bordea nuestro sistema planetario, y a **asociar los espacios de dos** en dos: Sol-Plutón; Mercurio-Neptuno; Venus-Urano; Tierra-Saturno; Marte-Júpiter; Cinturón de asteroides-Cinturón de Kuiper.

Esta asociación sigue adelante en lo infinitamente grande. Implica que nuestro universo observable desde el interior está asociado a un espacio externo, observable en un tiempo imperceptible (**tiempo de Planck**). Es decir: no tenemos tiempo de observar ese espacio externo. Solo puede ser observado con un cambio de percepción del espacio y del tiempo definido por la teoría del desdoblamiento. Con este cambio de observación, nuestro universo se vuelve imperceptible, pero no es un **agujero negro de otro universo.**

Un agujero negro ha sido definido como siendo una singularidad de nuestro universo (**Penrose** y **Hawking**), porque diferencia el tiempo de observación en el interior y en el exterior de un horizonte, en un plano privilegiado de observación. Sin embargo, asegura intercambios de energía con el exterior (radiaciones de Hawking). Es tan solo este aspecto dinámico el que tiene una realidad, pues el agujero negro es solo un lugar de intercambio de energía. Esto es probablemente lo que **Stephen Hawking** intenta decirnos hoy en día (enero 2014), sorprendiendo una vez más a la comunidad científica. Él añade de esta manera, agua al molino del desdoblamiento del espacio y del tiempo, alrededor de un horizonte de partículas en un plano privilegiado de observación, definido por la teoría del desdoblamiento.

Esta nueva noción del radial interno y tangencial externo permite calcular la velocidad de la luz en el sistema solar, en donde nosotros somos los observadores de ese espacio en un tiempo de observación.

Nos hace sobre todo entender el hecho, que esta velocidad es independiente de la velocidad del observador y de la de la fuente (**paradoja impuesta por Einstein**).

En efecto, **no se trata de una velocidad sino de la relación entre dos tiempos** observables, necesarios al desdoblamiento.

Para nosotros, observadores en nuestro universo observable, el tiempo es observable por el desplazamiento de la tierra o por su tiempo de desplazamiento. Esta relación puede ser expresada por la relación de trayectos recorridos en el mismo tiempo, o por la relación de tiempo de recorrido.

Si queremos expresarla como una velocidad en las ecuaciones de la mecánica, debemos elegir la relación entre una longitud por un tiempo. Como la teoría del desdoblamiento define los trayectos, interno (radial) y externo (tangencial) de nuestro planeta alrededor del Sol, podemos tomar a esta como medio de cálculo con el radio del sol R_s^+ o de la tierra. De esta manera, cualquier espacio planetario de nuestro sistema solar, permite comprobar esta definición.

Un ejemplo para la Tierra de la cual somos los observadores:

El trayecto radial de la Tierra es la distancia entre el afelio y el perihelio

El trayecto tangencial es la rotación alrededor del Sol

La relación de los dos trayectos da pues esta constante universal: $R_s{}^+$

$$C_0 = \frac{\text{trayecto radial}}{\text{trayecto tangencial}} = \frac{108 \times 10^4 \times (4\pi\, R_s{}^+)}{\text{un año}} = \textbf{299.792 km/s}$$

Este cálculo utiliza las dimensiones y los tiempos de recorrido del Sol y de la Tierra (cuyo radio está ligado a $R_s{}^+$). Ahora bien, la velocidad de la luz es una constante universal de desdoblamiento. Si el diámetro del Sol o de la Tierra cambiara, las dimensiones y tiempo de recorrido del Sol, de la Tierra —y de los otros planetas— se modificarían para mantener esta constante fija. Ésta sigue unida al movimiento universal de desdoblamiento cuya duración de 25.920 años corresponde al ciclo de precesión de los equinoccios nunca antes explicado. La teoría del desdoblamiento permite calcularlo, explicarlo y, sobre todo, prever el final actual, especialmente la llegada de los planetoides (ver publicaciones).

Conclusión

La física debe considerar, **la existencia de aperturas temporales** imperceptibles, entre horizontes evolucionando en tiempos diferentes. Estas aperturas vinculan observadores que perciben el tiempo de manera diferente.

La teoría del desdoblamiento implica la existencia de universos desdoblados, encajados en el mismo movimiento cíclico de desdoblamiento. Imperceptibles intercambios cíclicos de trayectos (interno y externo), proporcionan informaciones instantáneas sin modificar la apariencia del movimiento. **Esto implica la intrincación, la no-localidad y las velocidades súper-luminosas.**

Este desdoblamiento permite explicar: el Big-bang y lo que le precede, la disimetría aparente materia-antimateria, la materia oscura, la energía oscura, la antigravitación y la aceleración de la expansión del universo...

Este mecanismo de intercambios imperceptibles de estados o de informaciones en aperturas temporales imperceptibles permite por fin entender la anticipación necesaria a toda evolución.

El movimiento implica un ciclo de desdoblamiento (correspondiente al ciclo llamado de precesión de los equinoccios, observado en nuestro sistema solar), del cual no hemos tomado todavía consciencia de la importancia. Dividido en doce periodos, este ciclo de desdoblamiento de los tiempos llega a su fin. Estamos viviendo un periodo transitorio de 1.080 años entre dos ciclos y podríamos evitar graves perturbaciones planetarias entendiendo el mecanismo fundamental del desdoblamiento del tiempo, en vez de ignorarlo.

JEAN-PIERRE GARNIER MALET

Físico, mecánica de los fluidos
París - France

De los mismos autores

Cambia tu futuro por las aperturas temporales

Un libro sencillo, práctico, científico, de un alcance insospechable y considerable. Así es este libro llevado a alterar nuestro sentido de la vida.

De una forma sencilla, en esta obra, podemos reencontrar el objetivo de nuestra vida y volver a poner orden, tanto en nuestro cuerpo como en el mundo en donde evolucionamos.

Un libro llamado a revolucionar la vida de sus lectores.

El Doble... ¿Cómo funciona?

Es gracias a nuestro doble que nos podemos volver clarividentes y «cambiar nuestro futuro» por imperceptibles «aperturas temporales».

Leyendo este libro descubriréis la sencillez con la cual es posible encontrar un equilibrio diario y sobre todo, el objetivo de nuestra vida.

Made in the USA
Columbia, SC
12 November 2018